HOLZRESTE

clever verwerken

Derek Jones

HOLZRESTE

clever verwerken

20 Projektanleitungen mit Verschnittholz, Brettern & Co.

Derek Jones

Herausgegeben von Guildo of Master Craftsman Publications Ltd
Originaltitel Woodworking from offcuts

Übersetzung: Anja Neudert, www.text-matters.de
Lektorat: Petra Hucke
Text: Derek Jones
Fotos: Anthony Bailey und Derek Jones,
Seite 24 unten mit Genehmigung von Axminster Tool Centre Ltd
Redaktion: Nicola Hodgson
Gestaltung: Rob Janes und Chloë Alexander
Titelgestaltung: Lena Jörgens, KreaTec im Landwirtschaftsverlag GmbH

ISBN 978-3-7843-5456-9

INHALT

EINLEITUNG 8

TEIL EINS Grundlagen 11

WERKZEUG > 12

MATERIAL UND VORRICHTUNGEN > 26

TEIL ZWEI Projekte 35

SERVIERBRETTCHEN > 37

MURMELSPIEL > 43

RINGSCHACHTEL > 49

BILDERRAHMEN > 57

FLEISCHHAMMER > 63

DEKORATIVE SCHACHTEL > 69

SPAGHETTIMASS > 75

SALATBESTECK > 81

STIFTEBECHER > 87

FEDERKASTEN > 93

WANDBOARD > 99

SETZKASTEN > 105

SCHWALBENSCHWANZ-SCHACHTEL > 113

JAPANISCHE ARBEITSBÖCKE > 119

BRIEFSTÄNDER > 125

KOCHBUCHHALTER > 131

VOGELHÄUSCHEN > 139

PFLANZKÜBEL > 147

WERKZEUGKISTE > 155

SCHREIBTISCHLAMPE > 165

GLOSSAR > 174

BEZUGSQUELLEN > 175

ÜBER DEN AUTOR > 175

INDEX > 176

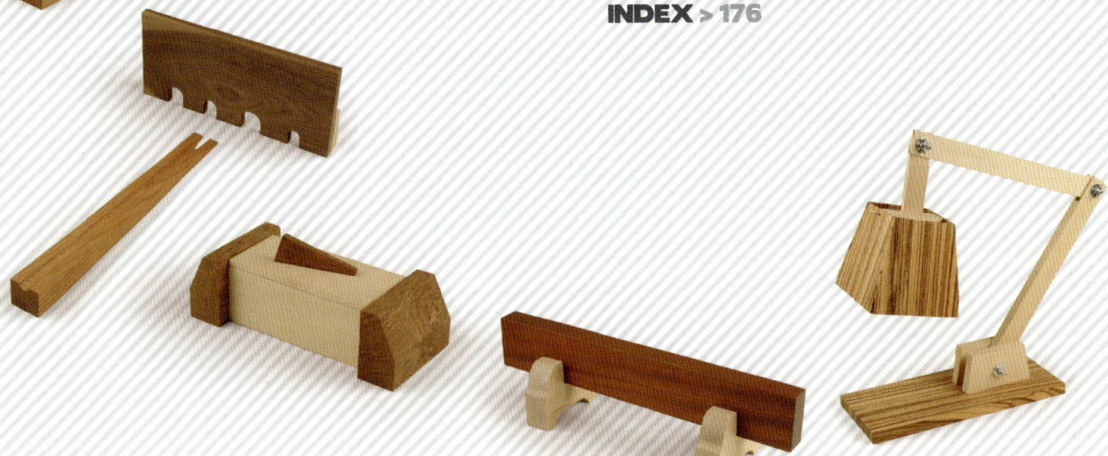

EINLEITUNG

WAS FÜR DEN EINEN NUR ABFALL IST, IST FÜR DEN ANDEREN DAS MATERIAL FÜR EIN NEUES PROJEKT.

Jeder, der viel mit Holz arbeitet, hat irgendwo einen Haufen mit Holzresten herumliegen. Man schaut ihn sich immer mal wieder an und hofft, irgendwann die zündende Idee zu haben, wie man aus diesen Resten noch etwas Nützliches herstellen könnte. Jetzt ist Schluss mit dem Warten auf den richtigen Moment!

Vermutlich wird niemand die Projekte in diesem Buch umsetzen, um Geld zu sparen, schließlich könnte man das alles in jedem größeren Geschäft für kleines Geld erwerben. Diese Projekte schenken Ihnen etwas, das man mit Geld nicht kaufen kann: Sie halten am Ende Ihr ganz eigenes Werk in den Händen und werden begeistert sein, wie Sie aus ganz wenig ganz viel geschaffen haben.

Bei der Umsetzung jedes einzelnen Projekts lernen Sie neue Techniken kennen, und am Ende haben Sie sich einen guten Grundstock an Fertigkeiten angeeignet, mit dem Sie sich auch an fortgeschrittene Arbeiten wagen können.
Holzbearbeitung ist immer eine Abfolge ineinandergreifender Schritte, und es ist sinnvoll, an einem echten Projekt zu lernen, wie diese aufeinander aufbauen, sodass Sie sie später für andere Anwendungen anpassen können.

Jedem individuell gefertigten Stück liegt sozusagen eine Abfolge von Problemen zugrunde, die gelöst werden müssen. Mit diesem Buch möchte ich Sie ermuntern, alltägliche Gegenstände anzuschauen und sich dabei nicht zu fragen, wie sie hergestellt wurden, sondern wie Sie diese selbst herstellen könnten. Das richtet sich natürlich danach, welche Werkzeuge Sie zur Hand haben, und genauso, wie Sie nach und nach Ihre Fertigkeiten ausbauen, werden Sie sich zweifellos auch neue Werkzeuge zulegen und lernen, wie Sie mit diesen umgehen. Gehen Sie frischen Mutes an die Projekte in diesem Buch, und betrachten Sie sie als Lektionen, an deren Ende Sie etwas geschaffen haben, auf das Sie stolz sein können.

Derek Jones

HINWEIS ZU MASSANGABEN

Alle Projekte in diesem Buch wurden aus Restholz hergestellt. Das Hauptaugenmerk liegt auf den Herstellungstechniken und -verfahren. Die angegebenen Maße dienen als Richtwert – je nachdem, welche Stücke Sie verwenden, müssen Sie sie eventuell anpassen.

BOSCH
BOSCH
MARPLES
EZ Cal
FESTOOL

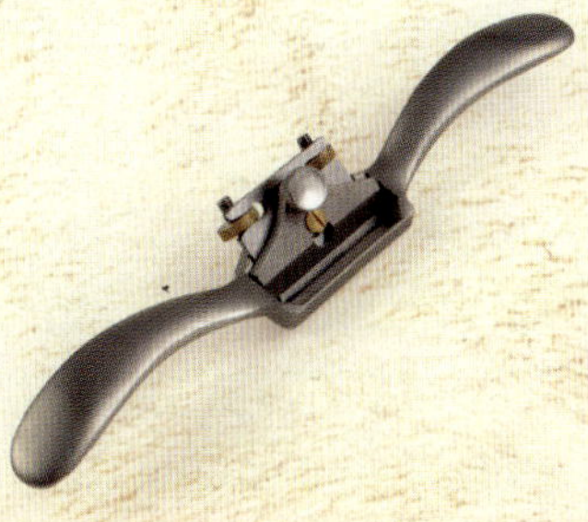

TEIL EINS

GRUNDLAGEN

WERKZEUG

HANDWERKZEUGE

Anreißen und Messen

Der erste und damit wichtigste Schritt bei jedem Projekt ist das Abnehmen und Übertragen von Maßen. Das gängigste Messwerkzeug ist der Zollstock/Meterstab. Dieser ist zwar vielseitig einsetzbar, jedoch für exakte Messungen ungeeignet, und sollte daher nur für die grobe Größenbestimmung genutzt werden. Für den Bleistift, egal wie spitz, gilt dasselbe: Wenn es darauf ankommt, sollte ein genaueres Anreißwerkzeug genutzt werden, z. B. ein Messer oder Skalpell. Wenn eine präzise Kante eingeritzt ist, sehen Sie ganz genau, auf welcher Seite der Linie Sie schneiden müssen. Spezielle Anreißmesser haben eine ganz flache Seite, die Sie an eine gerade Kante anlegen können. Die andere Seite ist schräg angeschliffen. Mit ihrer oft speerförmigen Spitze sind sie sowohl für Rechtshänder als auch für Linkshänder geeignet.

Mit einem guten Stahlmaßstab lässt sich recht einfach maßnehmen. In Kombination mit einem Streichmaß können Sie Markierungen auf das Werkstück übertragen. Mit einer Schmiege werden Winkel abgenommen und übertragen, ggf. von einem Winkelmesser, und für 90°-Winkel werden Tischlerwinkel verwendet. Für absolute Genauigkeit ist eine Anreißmaschine unschlagbar, aber wenn Sie keine haben, ist ein Digital-Messschieber die zweitbeste Wahl. Zum Anreißen von Bögen und für zahlreiche andere Anwendungen ist ein Zirkel sehr hilfreich.

HINWEIS: Die in diesem Buch angegebenen Maße sind als Richtwerte zu verstehen – je nachdem, welche Stücke Sie verwenden, müssen Sie sie eventuell anpassen.

Mit speziellen Anreißmessern lassen sich Schnittlinien am genauesten übertragen. An der entstehenden keilförmigen Linie lassen sich Stemmeisen und Sägeblätter exakt entlangführen.

Mit einem Streichmaß lässt sich das benötigte Maß einstellen und auf das Werkstück übertragen.

Schmiegen werden verwendet, um Winkel abzunehmen und zu übertragen.

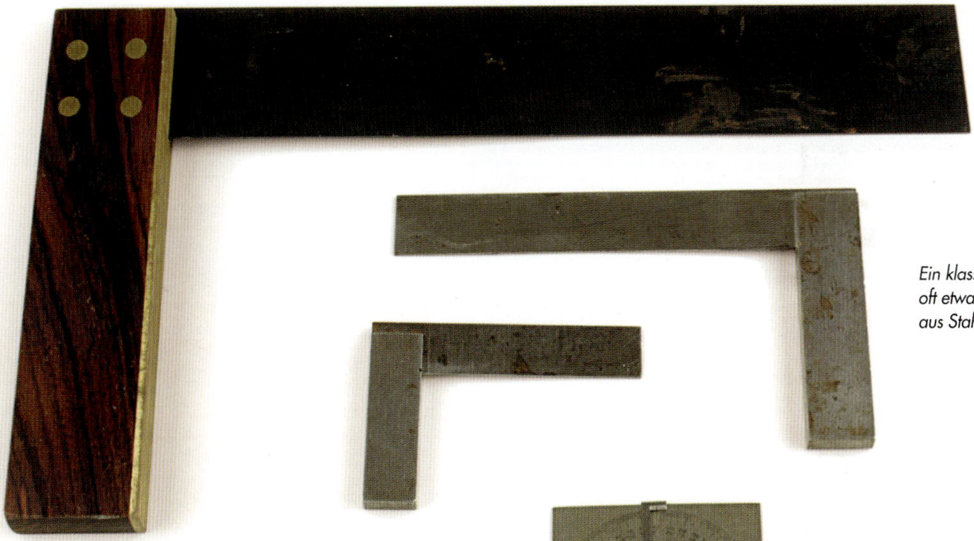

Ein klassischer Tischlerwinkel mit Holzgriff ist oft etwas ungenauer als ein Anschlagwinkel aus Stahl.

Zum Abnehmen und Übertragen von Winkeln benötigen Sie einen Winkelmesser.

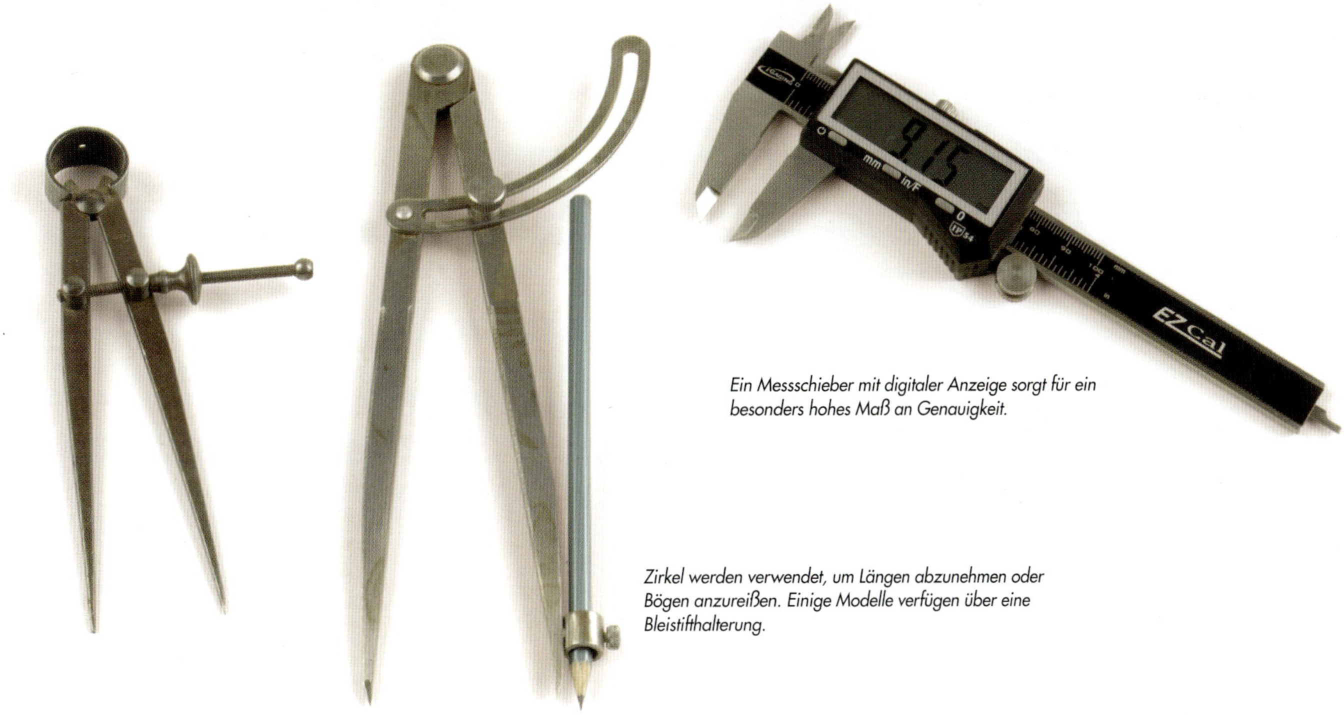

Ein Messschieber mit digitaler Anzeige sorgt für ein besonders hohes Maß an Genauigkeit.

Zirkel werden verwendet, um Längen abzunehmen oder Bögen anzureißen. Einige Modelle verfügen über eine Bleistifthalterung.

Sägen

Eine Grundausstattung an Sägen darf in keiner Werkstatt fehlen.

Fuchsschwänze werden vor allem zum groben Zerteilen von Platten verwendet. Je nach Material werden Sägen mit unterschiedlicher Zahnung eingesetzt. Bedenken Sie beim Kauf, dass sich mit grober Zahnung zwar schneller sägen lässt, Sie anschließend jedoch mehr Zeit für das Glätten aufwenden müssen.

Zinkensägen dienen speziell zum Sägen von Zapfen- und Schwalbenschwanzverbindungen. Sie sind in unterschiedlichen Größen erhältlich und haben eine feine Zahnung. Sie gehören zu den Rückensägen, da sie an der oberen Kante des Sägeblatts mit einer festen Metallleiste (meist aus Messing) versehen sind.

Größere Rückensägen, die auch für den Rahmenbau verwendet werden, sind zum Teil wahlweise als Längsschnitt- oder Querschnittausführung erhältlich. Die Bezeichnung bezieht sich auf die Ausrichtung des Sägeblatts zur Faserrichtung im Holz. Sägen für Längsschnitt werden in Richtung des Faserverlaufs verwendet, Sägen für Querschnitt quer zur Faser.

An japanischen Sägen ist das Besondere, dass sie auf Zug sägen, nicht auf Stoß wie westliche Sägen. Der Vorteil dabei ist, dass das Sägeblatt aus viel dünnerem Material bestehen

Der Klassiker: Der Fuchsschwanz eignet sich am besten für grobe Arbeiten.

Rückensägen haben ein breiteres Blatt zum Sägen tiefer Holzverbindungen.

Feinsägen wie diese von Veritas sind als Längsschnitt- und Querschnittsägen erhältlich.

kann und die Zahnung in der Regel feiner ist. Das ergibt eine glatte Oberfläche und einen schmaleren Sägeschlitz. Der Nachteil: Wenn der Sägeschnitt einmal anfängt, zu verlaufen, lässt er sich kaum noch korrigieren.

Dübelsägen sind nicht geschränkt, d. h. sie ragen nicht über das Sägeblatt hinaus. Dadurch lassen sich Dübel bündig zur Fläche absägen, ohne dass diese zerkratzt wird.

Laubsägen werden verwendet, um enge Kurven zu sägen oder an Stellen zu gelangen, für die ein normales Sägeblatt zu breit wäre.

Japanische Sägen haben ein flexibles Blatt und sägen auf Zug.

Japanische Sägen sind mit unterschiedlicher Zahnung erhältlich. Oft sind die Sägeblätter auswechselbar.

Eine japanische Dübelsäge hat ein sehr flexibles Blatt, mit dem sich Dübel bündig zur Oberfläche absägen lassen.

Hobel

Für die meisten Projekte in diesem Buch brauchen Sie nur zwei Hobel: einen Bankhobel und einen Einhandhobel (Hirnholzhobel). Der ideale Bankhobel ist eine No. 5, der ideale Einhandhobel ist eine Version mit flachem Winkel für die Arbeit an der Hirnholzkante. In Werkzeugkatalogen finden Sie die verschiedensten Modelle, die alle für ganz bestimmte Zwecke vorgesehen sind. Überlegen Sie sich, welche davon Sie wirklich brauchen. Kurz gefasst: Mit einem Simshobel können Sie Zapfenbrüstungen und Falze ohne Oberfräse herstellen, und mit einem Nuthobel können Sie sowohl Zapfen und Falze als auch Nuten herstellen.

Raubankhobel werden verwendet, um Bretter abzurichten, die zusammengefügt werden sollen. Die Raubank aus Holz von David Barron ist mit einer seitlichen Führung ausgestattet, die beim Einhalten des rechten Winkels hilft.

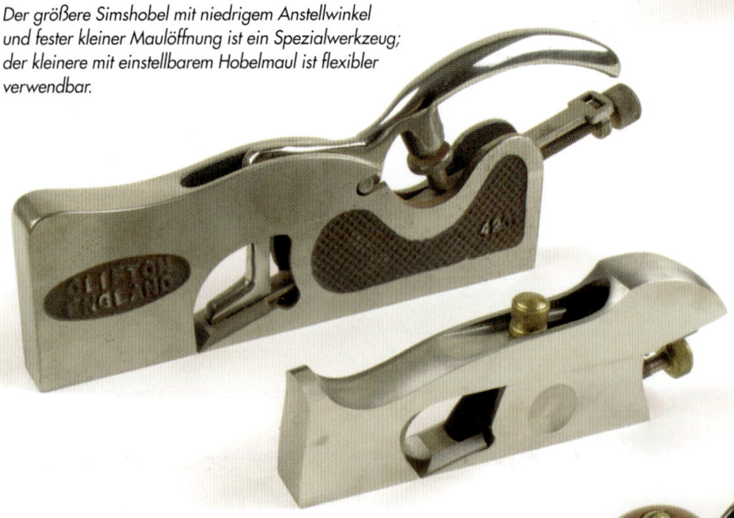

Der größere Simshobel mit niedrigem Anstellwinkel und fester kleiner Maulöffnung ist ein Spezialwerkzeug; der kleinere mit einstellbarem Hobelmaul ist flexibler verwendbar.

Die Grundausstattung: Bankhobel No. 5 und Einhandhobel (Hirnholzhobel).

Mit dem Nuthobel (links) und dem Einhandhobel mit schräg gestelltem Eisen (rechts) können Falze oder Nuten gearbeitet werden.

Beitel

Bei Beiteln (Stemmeisen) gibt es zwei Funktionsweisen: Sie stechen flache Späne vom Holz ab oder dringen durch das Holz, wobei dieses eher behauen wird. Für diese Funktionen sind unterschiedlich geformte Klingen nötig. Deshalb sollten Sie stets einen für den jeweiligen Zweck geeigneten Beitel verwenden. Eine Auswahl von Stemmeisen mit einem Fasenwinkel von 25° und abgeschrägten Kanten reicht für das Herstellen von Holzverbindungen wie z. B. Schwalbenschwänzen meist aus. Stechbeitel mit einem Fasenwinkel von 20° werden für Feinarbeiten genutzt; sie werden nicht geschlagen, sondern gestoßen oder gedrückt. Abgesehen von den anderen Spezialbeiteln kann sich die Investition in ein oder zwei Lochbeitel lohnen. Sie sind speziell für schwere Aufgaben wie das Ausstemmen von Zapfenlöchern nach dem Bohren gemacht.

Japanische Beitel werden auch bei westlichen Holzwerkern immer beliebter. Sie funktionieren grundsätzlich genauso wie westliche Beitel und haben je nach Anwendungsgebiet unterschiedliche Klingen. Viele schwören auf sie, auch wenn sie einer speziellen Schärftechnik bedürfen.

Eine Auswahl von Stemmeisen mit abgeschrägten Kanten und einer Breite von 6 bis 26 mm reicht für die meisten Anwendungen aus.

Bei japanischen Beiteln ist die Rückseite hohlgeschliffen.

Verschiedene Spezialbeitel. V. l. n. r.: Schrägbeitel, Lochbeitel, Eckenausstecheisen

Für die Aufbewahrung in der Werkzeugkiste bieten sich Schutzhüllen an.

Hämmer

Wie jedes andere Werkzeug kann auch ein Hammer mehr schaden als nützen, wenn er nicht der richtige ist. Legen Sie sich deshalb eine Auswahl verschiedener Hämmer und einen Klüpfel zu.

Dieser kleine Klüpfel mit Messingkopf von David Barron sitzt fest in der Hand und ermöglicht eine gute Kontrolle bei der Arbeit mit einem Beitel.

Klüpfel, englischer Tischlerhammer und japanischer Hammer.

Schraubendreher

Schraubendreher mit auswechselbaren Bits sind zwar praktisch, doch für den professionellen Einsatz nicht unbedingt das Beste. Mit einem Spezialschraubendreher haben Sie immer noch die meiste Kontrolle über Ihre Arbeit. Achten Sie bei Schlitzschrauben darauf, dass die Spitze des Schraubendrehers gut hineinpasst, und schrecken Sie auch nicht davor zurück, die Spitze schmaler zu feilen, wenn Sie für eine alte Schraube nicht den richtigen Schraubendreher finden. Kreuzschlitzschrauben gibt es in unterschiedlichen Formen: Pozidriv und Phillips. Nutzen Sie immer den richtigen Schraubendreher, um Beschädigungen zu vermeiden.

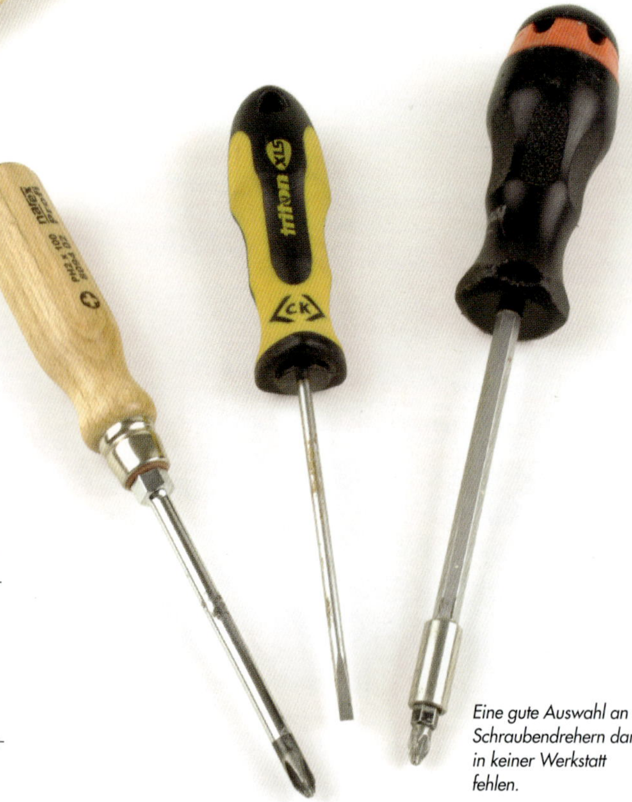

Eine gute Auswahl an Schraubendrehern darf in keiner Werkstatt fehlen.

Zwingen

Sie werden viele Holzwerker sagen hören, dass man nie genug Zwingen haben kann. Doch so viele brauchen Sie gar nicht, wenn Sie sich vor dem Griff zum Leimtopf überlegen, wie Sie die Teile des Werkstücks mit Ihren vorhandenen Mitteln zusammenhalten können. Zwingen sind außerdem wichtig für die Sicherheit am Arbeitsplatz.

Schnellzwingen (oben, ganz rechts und unten) üben meist weniger Druck aus als klassische Schraubzwingen und C-Zwingen.

Mit einem Bandspanner lassen sich unregelmäßige Formen zusammenhalten.

Türspanner werden für größere Abstände genutzt.

Werkzeuge zum Ausformen

Normale Hobel und Beitel sind perfekt für Flächen, doch zum Herausarbeiten bestimmter Formen und Rundungen per Hand sind andere Werkzeuge besser geeignet, z. B. Ziehklingen, Raspeln und Schabhobel.

Raspeln, besonders handbehauene wie diese, leisten jahrelang gute Dienste.

Ein Schabhobel mit fein einstellbarem Eisen ist ein überraschend vielseitiges Werkzeug.

Werkzeuge zum Schärfen

Das Schärfen und Nachschärfen von Werkzeugen ist beim Arbeiten mit Holz unausweichlich und seit jeher ein viel diskutiertes Thema. An dieser Stelle soll folgender Ratschlag ausreichen: Schärfen Sie wenig und dafür oft mit einem System, mit dem Sie gut zurechtkommen. Das kann eine Kombination aus Wasser und einem Diamantschleifstein in Verbindung mit einer Schleifhilfe oder – ganz komfortabel – eine Nassschleifmaschine mit Schleifblättern sein.

Ziehklingen zum Glätten der Holzoberfläche gibt es in allen Formen und Größen.

Nach dem Schleifen Ihrer Werkzeuge folgt das Abziehen – erst dann sind sie wirklich scharf.

Mit einem Trockenschleifgerät können Sie Werkzeuge umarbeiten und eigene Werkzeuge herstellen, aber eine wirklich scharfe Klinge erreichen Sie damit nicht.

Die Nassschleifmaschine von Tormek ist das wahrscheinlich vielseitigste Schleifsystem auf dem Markt.

ELEKTROWERKZEUGE

Ein Exzenterschleifer mit der richtigen Schleifscheibe kann Holz glätten, ohne Kratzspuren zu hinterlassen.

Schleifgeräte

Trotz der Staub- und Geräuschentwicklung sind elektrische Schleifgeräte sehr nützliche Hilfsmittel. Mit einem Bandschleifer kann Abfall zügig entfernt werden, und abgerichtete Bretter können geglättet werden. Mit einem Exzenterschleifer lässt sich Holz einebnen, formen und glätten, bevor die Oberfläche behandelt wird.

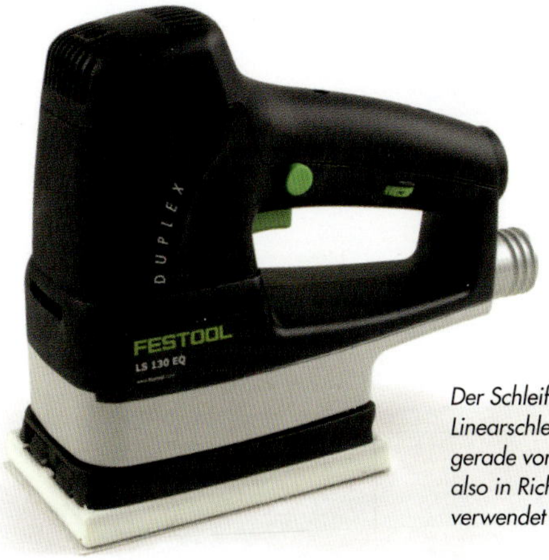

Der Schleifschuh des Linearschleifers bewegt sich gerade vor und zurück, muss also in Richtung des Faserverlaufs verwendet werden.

Schwingschleifer hinterlassen Kratzspuren und eignen sich am besten, wenn die Oberfläche anschließend lackiert werden soll.

Stichsägen

Grundsätzlich tut eine Stichsäge nichts anderes als ein Fuchsschwanz; oft ist sie die beste Wahl, wenn Platten in handlichere Stücke geteilt werden sollen. Mit einer Stichsäge lassen sich auch Kurven und unregelmäßige Formen schneiden sowie Löcher in der Mitte eines Bretts aussägen, nachdem zuvor ein Loch gebohrt wurde.

Mit einem Bandschleifer werden vor dem Feinschliff Unebenheiten ausgeglichen.

Stichsägen werden vor allem zum freihändigen Sägen von geschwungenen Linien eingesetzt.

Kreissägen/Tauchsägen

Seit es Kreissägen mit Führungsschienen gibt, eignet sich dieses einst eher grobe Werkzeug auch für feinere Arbeiten. Mit Kreissägen und Tauchsägen lassen sich Bretter und Platten zuschneiden und Schrägungen sägen.

Die Kreissäge (rechts) eignet sich zum groben Zerkleinern von Platten. Mit einer Tauchsäge (ganz rechts) können Schnitte in der Mitte einer Platte angesetzt werden.

Flachdübelfräse

Die Flachdübelfräse ist wahrscheinlich das am häufigsten genutzte Werkzeug zum maschinellen Herstellen von Holzverbindungen. Sie arbeitet schnell und ist zum Beispiel beim Herstellen von Arbeitsplatten und beim Möbelbau hilfreich. Die damit hergestellten Verbindungen sind sehr stabil und lassen sich exakt positionieren.

Mit einer Flachdübelfräse werden halbrunde Nuten gefräst, in die dann ein ellipsenförmiger Flachdübel eingesetzt wird.

Oberfräse

Um die Oberfräse kommt kein ambitionierter Holzwerker herum. Mit den passenden Fräsern können Sie Holzverbindungen herstellen, Profile in die Kanten Ihrer Werke fräsen und Werkstücke exakt zuschneiden. In Kombination mit einem Frästisch wird das Werkzeug noch vielseitiger und sicherer und lässt sich besser kontrollieren.

Oberfräsen sind in der Regel in zwei Formaten erhältlich: groß und klein. Für das große Modell gibt es eine größere Auswahl an Fräsern. Beide Geräte können mit der Hand geführt oder in einen Tisch eingesetzt werden.

Akkubohrer/-schrauber

Wenn bei einem Projekt viel geschraubt werden muss, spart ein Akkuschrauber enorm Zeit. Auch Akkubohrer sind sehr praktisch in der Handhabung. Bei kombinierten Akku-Bohrschraubern müssen Sie bei beiden Funktionen Kompromisse eingehen, also überlegen Sie gut, welches Gerät für Ihre Anforderungen das richtige ist.

Akkubohrer und -schrauber eignen sich je nach Größe für Feinarbeiten, aber auch für schwerere Aufgaben.

MASCHINEN

Tischsäge

Sie wird oft als das Herz der Werkstatt bezeichnet und kann verwendet werden, um Bretter und Platten zu zerkleinern oder – mit dem entsprechenden Zubehör – auch zuzuschneiden. Für einige Aufgaben sollten spezielle Sägeblätter angeschafft werden.

Mit einer Tischsäge wird Ihre Werkstatt zum Profiarbeitsplatz.

Diese professionelle Kapp- und Gehrungssäge schneidet Bretter bis zu 300 mm Stärke.

Gehrungssäge

Mit einer Gehrungssäge lassen sich exakte Winkel und Gehrungen schneiden. Bei den besseren Maschinen lässt sich das Sägeblatt nach links und rechts kippen, was weitere Anwendungsmöglichkeiten erschließt. Gehrungssägen sind eigentlich als tragbare Geräte gedacht, machen sich aber vor allem dann, wenn Sie keine Tischsäge haben, auch in der Werkstatt gut.

Dickenhobelmaschine

Diese Maschine hobelt Holz nach dem Abrichten auf die gewünschte Stärke. Standgeräte nehmen viel Platz weg; für kleinere Werkstätten bieten sich daher mobile Geräte an, wenn Sie nicht allzu viel dickenhobeln müssen.

Ein mobiler Dickenhobel ist für den Hobbybedarf praktischer, jedoch müssen Sie dafür zwei der vier Seiten begradigen.

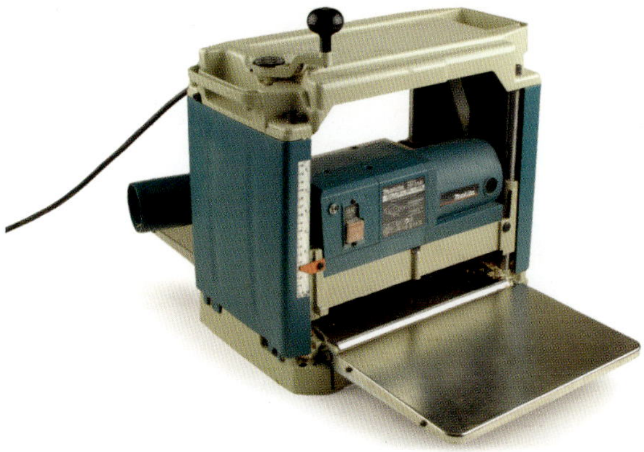

Eine kombinierte Abricht-Dickenhobelmaschine hobelt alle vier Seiten des Holzes in einem Bruchteil der Zeit, die das Hobeln per Hand dauern würde.

Bandsäge

Viele Holzwerker sagen, dass eine Bandsäge die einzige Maschine sei, die man braucht. Tatsächlich kann man mit einer gut eingestellten Maschine und dem richtigen Sägeband viel erreichen. Neben geschweiften Schnitten kann die Bandsäge auch kostensparender als eine Tischsäge schmalere Teile von stärkerem Material absägen.

Die maximale Schnitthöhe und -tiefe richtet sich nach dem Abstand zwischen Sägeband und Gehäuse und der Höhe der Sägebandführungen.

Schleifmaschinen

Ein Spindelschleifer ist sehr nützlich, um Formen herauszuarbeiten. Mit etwas Übung können Sie schöne, gleichmäßige Ergebnisse erzielen. Tellerschleifer hingegen arbeiten mit größerer Genauigkeit.

Mit einem Spindelschleifer lässt sich die Innenseite von Bögen besonders schnell glätten.

Mit einem Auftisch-Tellerschleifer lässt sich die Außenseite eines Bogens bearbeiten; außerdem können Ecken und Fasen herausgearbeitet werden.

Säulenbohrmaschine

Oft werden Bohrungen als Ausrichtungspunkt angebracht, deshalb bietet sich dafür ein Gerät an, das sehr genau arbeitet. Es gibt Standmodelle und Auftischgeräte sowie Bohrständer, in die Sie eine Handbohrmaschine einsetzen können.

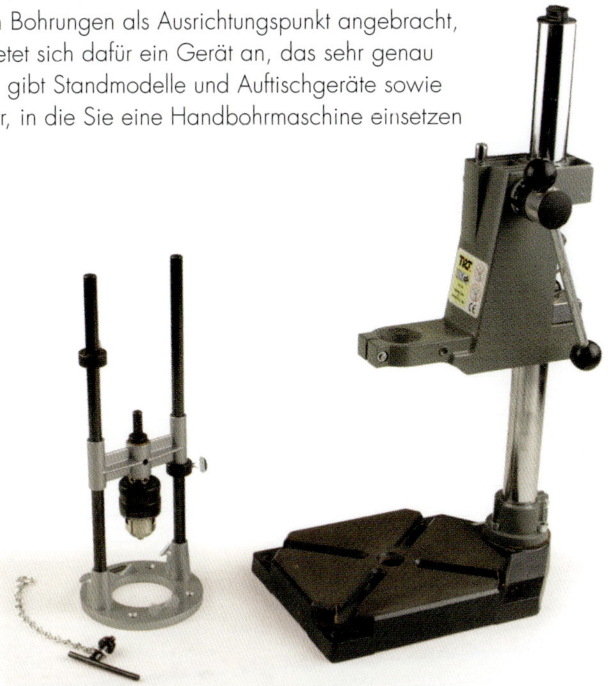

Ein kleiner Bohrständer (links) sorgt auf der Baustelle für mehr Genauigkeit beim Bohren. In das Auftischmodell für die Werkstatt wird eine Handbohrmaschine eingesetzt.

Mit einer guten Säulenbohrmaschine arbeiten Sie genauer und schneller.

Zubehör

Für die Holzbearbeitung gibt es eine schier unendliche Auswahl an Zubehör, und wie so oft gilt auch hier: Qualität hat ihren Preis. Sägeblätter und Bohrer können geschärft werden; Sie sollten also genau darauf achten, in welche Produkte Sie investieren, wenn sie lange halten sollen. Anderes Zubehör wie Sägebänder und Fräser für Oberfräsen lassen sich nicht oder nur schwer schärfen, können also als Verschleißartikel betrachtet werden.

Jede Maschine braucht gewisses Zubehör – hier sollten Sie nicht an der falschen Stelle sparen.

MATERIAL UND VORRICHTUNGEN

MATERIAL

Gutes Restholz

Wenn Sie gern und viel mit Holz arbeiten, fallen auch viele Reststücke an, und wahrscheinlich fragen Sie sich immer wieder: Kann ich daraus noch etwas machen, oder werfe ich es weg? Zuerst einmal können Sie alles aussortieren, was Risse oder Astlöcher aufweist, denn das ist zumindest für große Projekte nicht mehr geeignet. Längere Stücke, die sich verzogen haben, sind es meist auch nicht wert, aufgehoben zu werden, weil es zu aufwendig wäre, sie abzurichten. Eine Ausnahme sollten Sie vielleicht bei exotischen Hölzern oder kleineren Stücken machen, die sich gut als Griff, Intarsie oder anderes Kontrastdetail machen würden.

Man kann sich schnell angewöhnen, mehr Material anzuhäufen, als man jemals brauchen wird. Eine gute Grundregel ist: Wenn das Material gut genug war, um Möbel daraus herzustellen, sind auch die Reste für zukünftige Projekte annehmbar. Was die Größe angeht, richtet sich die Auswahl auch nach dem vorhandenen Werkzeug. Wenn Sie viel mit Maschinen arbeiten, brauchen die Stücke eine gewisse Mindestgröße, da sie sonst nicht mehr sicher maschinell bearbeitet werden können.

Bei der Serienfertigung können mehrere gleichförmige Reststücke anfallen, aus denen viele gewerbliche Betriebe versuchen, noch Produkte für den Verkauf herzustellen. So verlockend diese Idee auch sein mag, ist sie für Hobbyholzwerker, die nicht schon über Vertriebswege verfügen, eher weniger nutzbringend. Sinnvoller verbringen Sie Ihre Zeit damit, unregelmäßig geformte Reststücke zu begradigen, um sie besser lagern zu können.

Schlechtes Restholz

Es gibt eine riesige Nachfrage nach wiedergewonnenem Holz. Das gewerblich gesammelte Material ist in der Regel akzeptabel, aber hüten Sie sich vor Holzmaterial, das beim ersten Mal schon nicht für Qualitätsprodukte verwendet wurde. Insbesondere Verpackungsmaterial ist ungeeignet, da dessen Holz von minderer Qualität ist und wahrscheinlich nicht abgelagert wurde. Außerdem kann es Fremdkörper wie Klammern und Nägel enthalten.

Restholz richtig lagern

Der verfügbare Platz ist wahrscheinlich Ihre größte Sorge. Wenn Sie ernsthaft vorhaben, mit Reststücken zu arbeiten, sollten Sie sie wie Ihr Hauptmaterial lagern – trocken und möglichst in Regalen, wo sie keine Fehler entwickeln können. Je nach Umfang Ihres Holzlagers bietet es sich an, nach Holzarten zu sortieren oder zumindest Holzwerkstoffe und Massivholz zu trennen.

Quelle für Inspirationen

Die ganz eigene Charakteristik eines Stücks Holz kann die Inspiration zu einem einzigartigen Design liefern, also halten Sie nach solchen Gelegenheiten Ausschau. Das Ende eines Bretts mit einer wilden Maserung, das für die Friese einer Tür vielleicht nicht geeignet war, könnte sich stattdessen als dekorative Füllung in einem Rahmen anbieten. Der wohl berühmteste Vertreter dieses Stils ist George Nakashima. Er stellte Risse und natürlich auftretende Fehler im Holz in den Mittelpunkt seiner Arbeiten und verzierte sie noch mit zusätzlichen Elementen.

Kostenloses Restholz

Mehr und mehr gewerbliche Betriebe verwenden Restholz zur Herstellung von Brennstoff. Es kann sich aber trotzdem lohnen, Ihren örtlichen Tischler aufzusuchen. Wenn Sie Glück haben, überlässt er Ihnen einen Sack größere Reststücke gegen einen kleinen Obolus oder sogar kostenlos.

VORRICHTUNGEN

Vorrichtungen und Schablonen sind aus der Holzbearbeitung nicht wegzudenken. Diese handgefertigten Hilfsmittel erleichtern wiederholte Abläufe bzw. sorgen für mehr Sicherheit beim Arbeiten. Schablonen können, wenn sie gut gemacht sind und ordentlich gelagert werden, immer wieder eingesetzt werden, um gleichförmige Teile herzustellen, auch noch Jahre später. Vorrichtungen dagegen können täglich eingesetzt werden; sie sorgen für mehr Genauigkeit und erleichtern fast jede Arbeit. Auf den folgenden Seiten finden Sie für den Anfang drei Vorrichtungen, die alle in diesem Buch Verwendung finden.

Spannhilfe

Beim Arbeiten mit dünnem Material lassen sich Ungenauigkeiten beim Zuschneiden oder Anreißen später kaum noch ausbügeln. Wenn Sie sich außerdem vor Augen halten, wie zerbrechlich das Endprodukt ist, können Sie sich vorstellen, dass die Herstellung eines aufwendigen Schmuckkästchens fast genauso lange dauern kann wie der Bau eines Kleiderschranks. Die Antwort auf die meisten Probleme beim Holzwerken ist die Anfertigung einer Vorrichtung, mit der Sie nicht alles doppelt machen müssen und gleichmäßige Ergebnisse erzielen. Eine Spannhilfe ist die perfekte Lösung für das Anbringen exakter Bohrungen in Gegenstücken, ohne dass Sie zweimal anreißen müssen. Sie kann auch genutzt werden, um beim Anreißen von Verbindungen die Teile zusammenzuhalten. Die einzige kritische Bedingung ist, dass die Spannhilfe an einer Ecke exakt rechtwinklig sein muss. Die Größe bleibt Ihnen überlassen.

Draufsicht

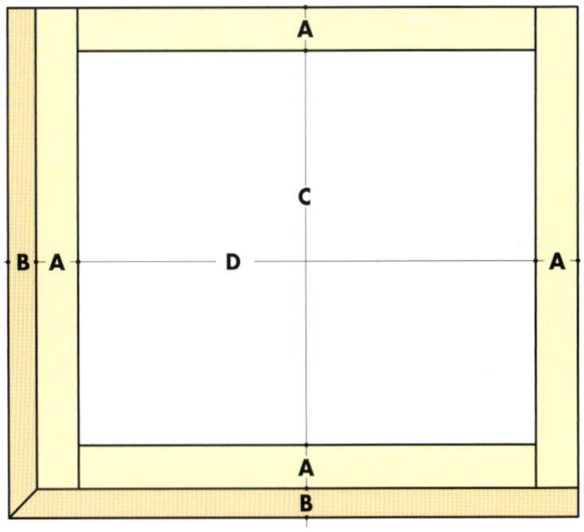

Maße
A = 18 mm
B = 12 mm
C = 164 mm
D = 120 mm
E = 197 mm

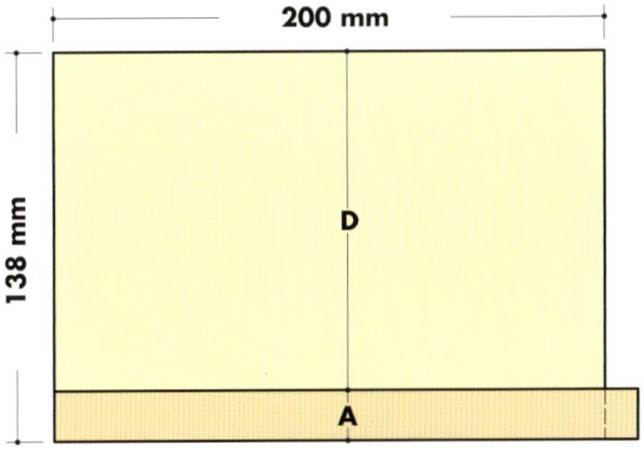

Seitenansicht

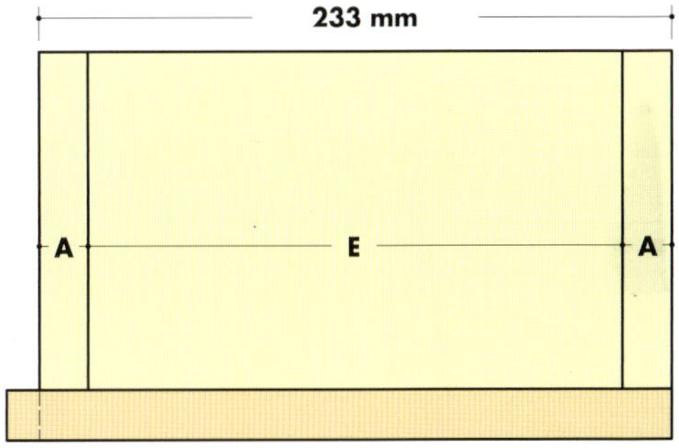

Vorderansicht

1 Wählen Sie das Holz für den Kasten aus, und bereiten Sie die Teile vor; sie müssen an allen Seiten gerade und rechtwinklig sein. Markieren Sie, wie Sie die Teile zusammensetzen möchten.

2 Hier wurden Birken-Multiplexplatten mit Flachdübeln verbunden, Holzschrauben wären aber auch möglich. Für einen Kasten dieser Größe (ca. 200 x 200 mm) reicht ein Flachdübel pro Ecke. Durch Festspannen eines Bretts an der Werkbank haben Sie übrigens schon Ihre erste Vorrichtung hergestellt.

3 Eine Flachdübelfräse beschleunigt die Arbeit ungemein, denn damit müssen Sie nur wenig anreißen. Dank des Bretts können Sie effizient arbeiten, ohne ständig Zwingen versetzen zu müssen.

4 Wenn alle Kanten rechtwinklig waren, sollte theoretisch auch der Kasten rechtwinklig werden, doch prüfen Sie dies immer noch einmal nach, indem Sie die beiden Diagonalen messen – sie sollten exakt gleich lang sein.

5 Wenn Sie zufrieden sind, suchen Sie die beste Ecke für das Anbringen eines auf Gehrung verbundenen Anschlags aus.

6 Die Außenkante des Kastens können Sie ignorieren; wichtig ist, dass die Innenseiten der zwei Anschlagsleisten rechtwinklig zur Eckkante des Kastens liegen.

7 Kleben und nageln Sie den Anschlag fest.

8 Die fertige Spannhilfe. Wie sie genutzt wird, sehen Sie beim Briefständer auf den Seiten 124 bis 129.

Sägehilfe

Eine Sägehilfe ist im Grunde nur ein Brett mit Anschlag, an den kleinere Holzstücke zum freihändigen Sägen angelegt werden können. Das Einspannen wird damit überflüssig, durch das Sägen bleibt das Werkstück an Ort und Stelle. Sie halten einfach das Holz gegen den Anschlag und sägen los. Das Brett ist nur dazu da, dass Sie dabei nicht in Ihre Werkbank sägen. Am besten stellen Sie gleich eine Sägehilfe her, die sowohl mit westlichen als auch mit japanischen Sägen verwendet werden kann.

1 Sie benötigen ein beliebiges flaches Brett, MDF oder Sperrholz eignen sich gut. Ziehen Sie eine Linie entlang einer langen Kante, damit später auf der anderen Seite bündig zur Brettkante ein Anschlag angeschraubt werden kann. Markieren Sie die Mitte des Bretts an der Kante – das ist die Position der ersten Schraube.

2 Ermitteln Sie die Mitte des Anschlags, und richten Sie diese an der Mittenmarkierung am Brett aus. Markieren Sie nach Augenmaß zwei weitere Schraubstellen links und rechts von der Mitte. Achten Sie dabei nur darauf, dass zwischen Schrauben und Anschlagsende mind. 50 mm Platz sind, damit der Anschlag später zurückgeschnitten werden kann, wenn er zu sehr abgenutzt ist. Beachten Sie auch, dass der Anschlag ein gutes Stück kürzer als das Brett ist.

3 Bevor Sie die Löcher für die Schrauben vorbohren, ziehen Sie eine zweite Linie auf der entgegengesetzten Brettseite, ca. 50 mm von der hinteren Kante entfernt. Das ist die Position für den zweiten Anschlag, der ein Verrutschen des Bretts auf der Werkbank verhindert.

4 Bohren Sie die Löcher für die Schrauben, und fräsen Sie sie oben aus, wenn die Schrauben später versenkt werden sollen.

5 Spannen Sie die Anschläge an das Brett. Bohren Sie insbesondere bei Hartholz ein Stück in die Anschläge vor, und schrauben Sie sie fest.

6 Die Vorrichtung kann beidseitig verwendet werden.

7 Mit diesem Anschlag nach oben können Sie mit westlichen Sägen arbeiten.

8 Die andere Seite eignet sich, wenn Sie japanische Sägen verwenden. Da hier kein Leim verwendet wurde, können Sie die Anschläge entfernen, zurückschneiden oder neu positionieren, damit Sie lange Freude an dieser Sägehilfe haben.

Stoßlade

Die Stoßlade hat eine ähnliche Funktion wie die Sägehilfe, dient aber zum Hobeln, vorzugsweise mit einem langen Hobel. Damit können Bretter so exakt rechtwinklig gehobelt werden, wie es frei Hand nur schwer möglich wäre. Am häufigsten wird eine Stoßlade beim Bearbeiten der Hirnholzkante eingesetzt. Das Brett wird gegen den hinteren Anschlag gedrückt, der im rechten Winkel zu einer Führungskante angebracht ist, an der der Hobel entlanggeführt wird. Mit einem scharfen Eisen können auf diese Weise sehr flache Späne abgetragen werden. Für eine ganz exakte Stoßlade müssen alle Teile glatte, ebene Oberflächen und saubere rechteckige Kanten aufweisen. Am besten eignen sich hochwertiges Sperrholz oder feuchtigkeitsbeständige MDF-Platten.

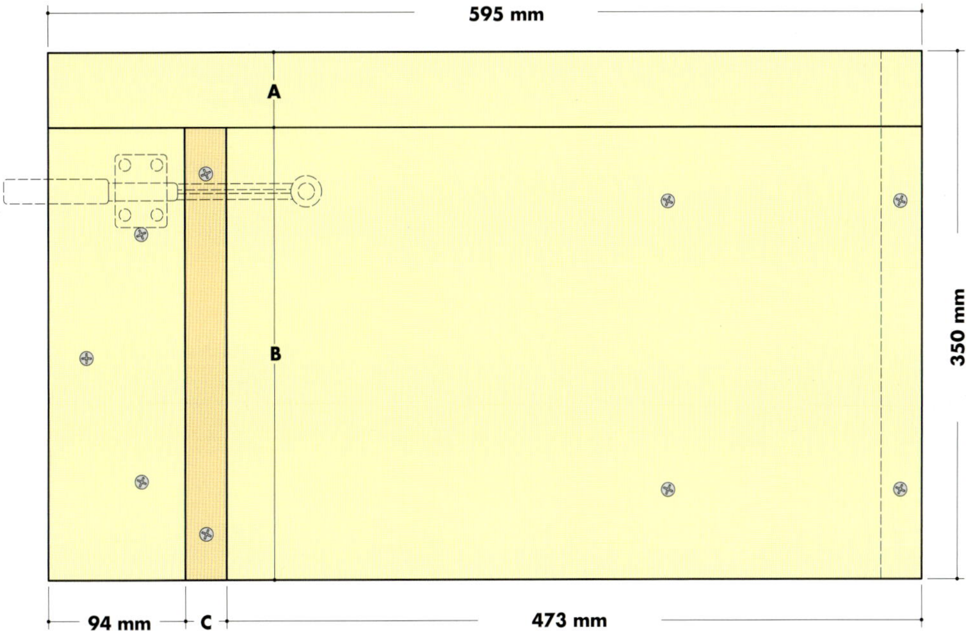

Maße

A = 50 mm

B = 300 mm

C = 28 mm

D = 15 mm

Draufsicht

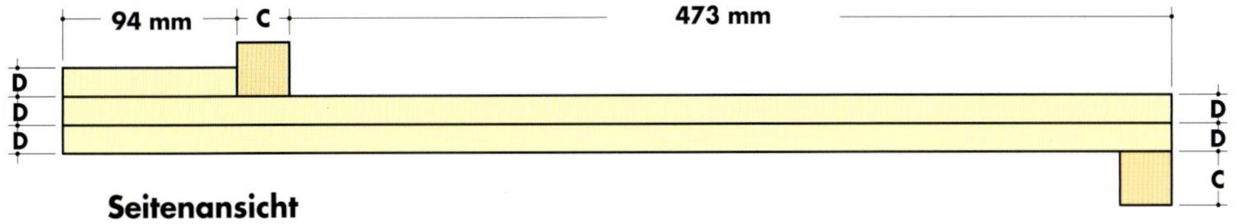

Seitenansicht

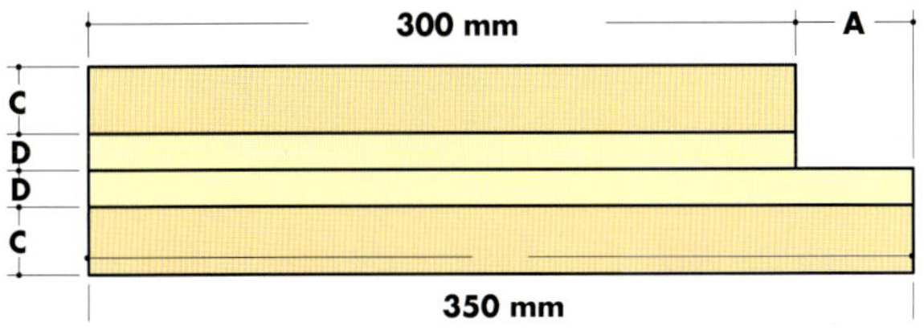

Vorderansicht

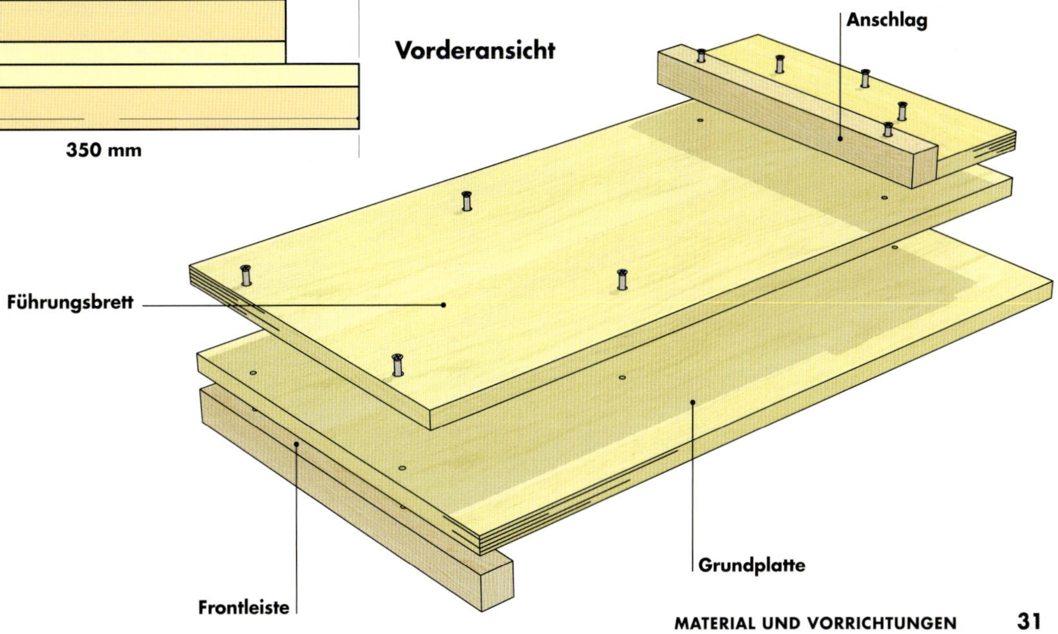

1 Der erste und wichtigste Schritt: Befestigen Sie den hinteren Anschlag exakt rechtwinklig zu einer Kante (zur rechten, wenn Sie Rechtshänder sind) auf dem Führungsbrett.

2 Vor den hinteren Anschlag wird später ein zweiter Anschlag gesetzt, über dem ein Kniehebelspanner angebracht werden kann. Bringen Sie die Markierungen für die Befestigung des Spanners an.

3 Befestigen Sie den Spanner mit Schrauben und Muttern, das verstärkt den hinteren Anschlag. Die Muttern müssen an der Unterseite des Führungsbretts nicht versenkt werden.

4 Bohren Sie stattdessen in die Oberseite der Grundplatte an den entsprechenden Stellen flache Löcher, in die die Muttern passen.

5 Schrauben Sie das Führungsbrett an der Grundplatte fest. Die Schraubenköpfe sollen dabei versenkt werden. Bringen Sie an der Vorderseite von unten eine Leiste an, mit der die Vorrichtung an der Werkbank festgehalten wird.

6 Bringen Sie den Anschlag bündig zur rechten Kante auf dem Führungsbrett an. Dabei hilft ein gerades Holzbrett. Bohren Sie im Anschlag für die Schrauben Löcher vor, die 0,5 mm größer sind.

7 Ein hinter den Anschlag geklemmtes Stück Papier kann helfen, den Anschlag exakt rechtwinklig zur rechten Kante des Führungsbretts auszurichten.

8 Die scharfen Kanten können Sie noch etwas abrunden.

9 Nun können Sie einen geeigneten Bankhobel auf der Seite liegend an der Führungskante entlangführen, um Brettenden abzurichten und auf das benötigte Maß zu hobeln.

10 Mit einem zusätzlichen 45°-Anschlag wie diesem können Sie auch exakte Winkel hobeln.

TEIL ZWEI

PROJEKTE

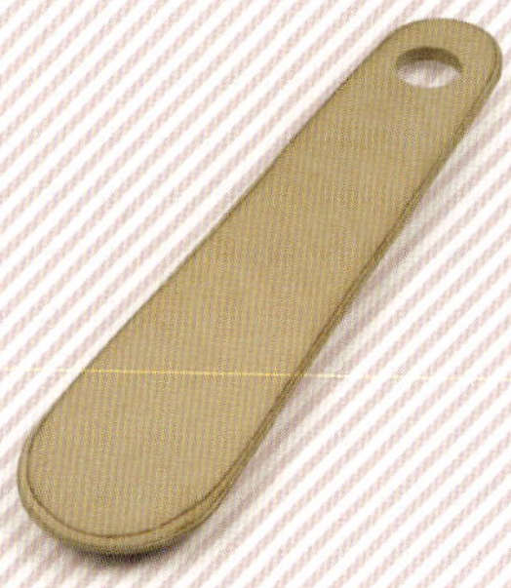

SERVIERBRETTCHEN

An diesem ersten Projekt sehen Sie, was man in weniger als 30 Minuten aus einem Reststück machen kann, das sonst weggeworfen worden wäre. Birken-Multiplex ist ein hochwertiges Material, von dem Sie jeden noch so kleinen Rest nutzen sollten. Dieses Brettchen eignet sich zum Beispiel zum Servieren von Baguettes.

Die Konstruktion ist denkbar einfach, aber lassen Sie sich nicht täuschen: Ecken gleichmäßig abzurunden, erfordert ein sehr gutes Auge. Dabei können Sie die sanfte Seite des Bandschleifers entdecken.

Maße

A = 95 mm
B = Ø 15mm
C = 53 mm
D = 9 mm
E = 6 mm
F = 9 mm
G = 3 mm
H = 2 mm
J = Ø 66 mm
K = 66 mm

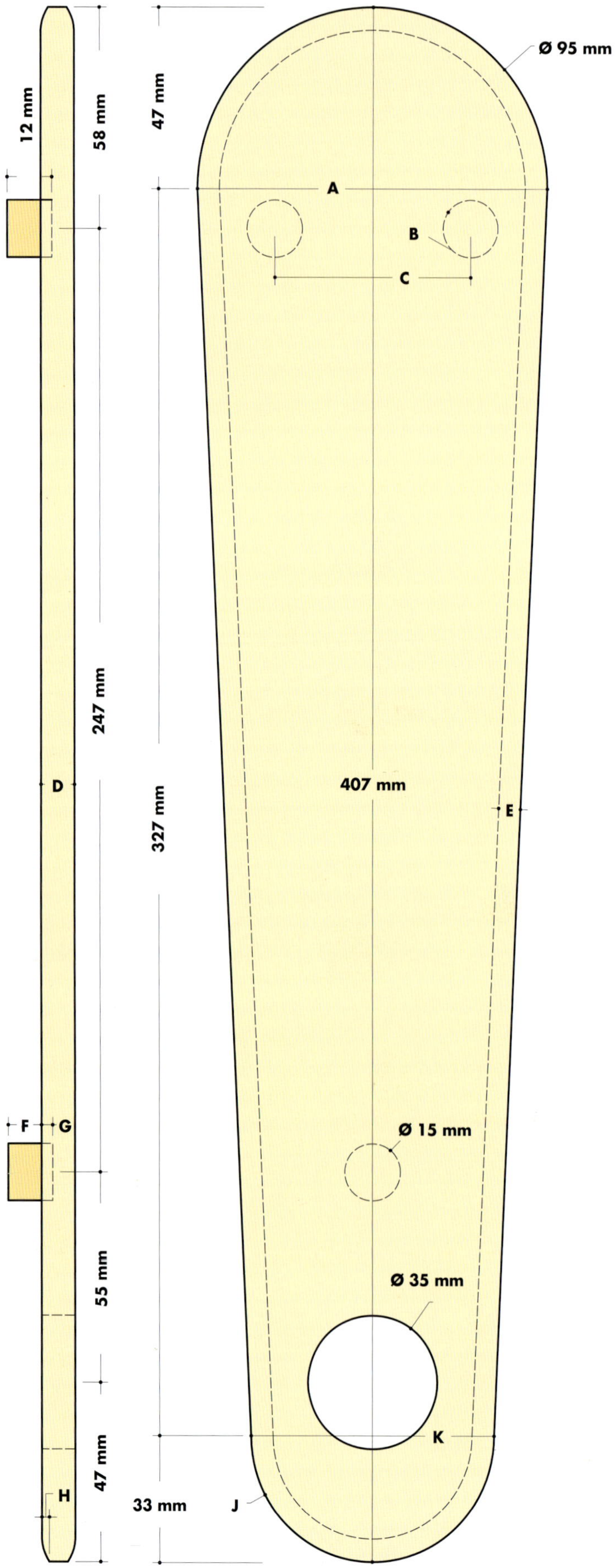

1 Reißen Sie auf einer Platte die Form des Brettchens an, und zeichnen Sie längs eine Mittellinie auf beide Platten, um die Rundungen und das Daumenloch zu positionieren.

2 Solange die Platten noch rechteckig sind, zeichnen Sie zwei Querlinien ein.

SERVIERBRETTCHEN

3 Schneiden Sie mit der Bandsäge ein Brettchen zu, und verwenden Sie es als Schablone für das zweite.

4 Schleifen Sie die Brettchen mit einem umgedrehten Bandschleifer auf die endgültige Form. Das bearbeitete Ende des Werkstücks zeigt dabei in Laufrichtung des Schleifers und bleibt stets vertikal. Üben Sie vorsichtig Druck aus, während Sie das Brettchen ständig bewegen.

5 Anschließend gehen Sie genauso vor, um die Kanten abzurunden. Orientieren Sie sich dabei an den Schichten des Materials, um gleichmäßig runde Kanten zu erhalten.

6 Runden Sie die geraden Kanten genauso ab.

7 Schneiden Sie kurze Stücke vom Rundstab zu, die als Füße dienen sollen, und bohren Sie auf den Querlinien Sacklöcher entsprechender Größe.

8 Schleifen Sie alle Bleistiftmarkierungen ab, und leimen Sie die Füße fest.

Das fertige Servierbrettchen sieht ungefähr so aus.

MURMELSPIEL

Bei diesem Projekt – einem Spiel, bei dem Sie eine Murmel über die Rampe in eines der Löcher befördern sollen – lernen Sie grundlegende Techniken für das Anreißen einer Linie und Schneiden an einer Linie bei Winkeln und Kreisen kennen. Sie erfahren, warum es wichtig ist, an welcher Seite der Linie geschnitten wird.
Für die wichtigsten Linien verwenden wir ein Anreißmesser.

Reststücke können manchmal noch während eines Projekts genutzt werden, besonders bei der Arbeit mit geschwungenen oder winkligen Stücken wie dieser Murmelrampe.

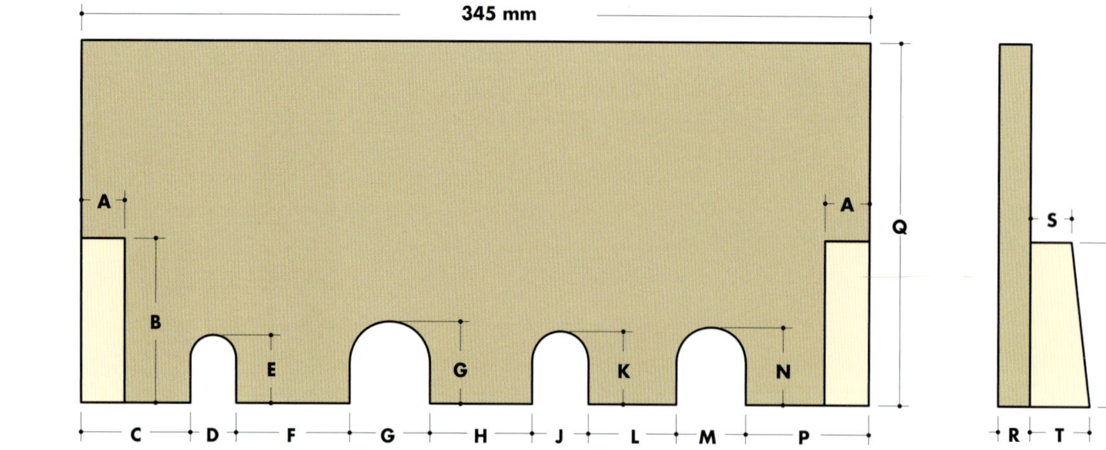

Seitenansicht

Vorderansicht

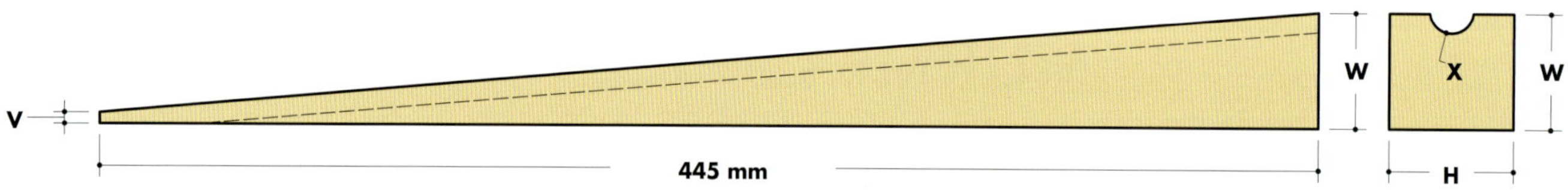

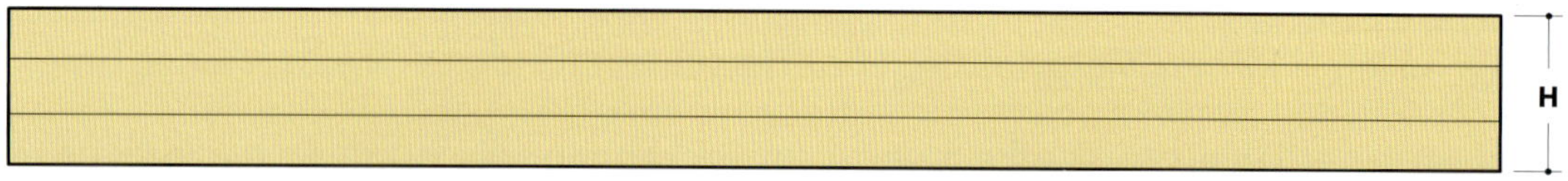

Draufsicht

Maße

A = 19 mm
B = 70 mm
C = 48 mm
D = 20 mm
E = 29 mm
F = 50 mm
G = 35 mm
H = 45 mm
J = 25 mm
K = 31 mm
L = 39 mm
M = 30 mm
N = 33 mm
P = 53 mm
Q = 154 mm
R = 14 mm
S = 18 mm
T = 26 mm
U = 70 mm
V = 4 mm
W = 41 mm
X = Ø 16 mm

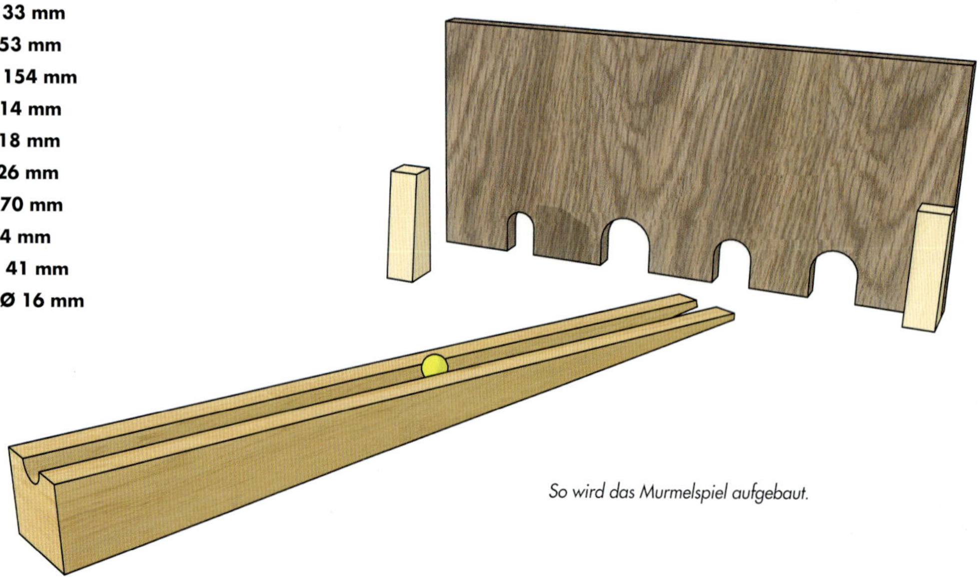

So wird das Murmelspiel aufgebaut.

1 Formen Sie entlang der Mitte eines Kantholzes eine Längsrinne entsprechend der Größe der Murmeln, die verwendet werden sollen.

2 Schneiden Sie die Keilform der Rampe an der Bandsäge zu, und heben Sie das Reststück auf. Legen Sie die Rampe mit der gesägten Seite nach oben auf die Rückseite des Reststücks, und spannen Sie beides in einen Schraubstock. Hobeln Sie die Rampe glatt; dabei schützt das Reststück das schmal zulaufende Keilende.

3 Schneiden Sie die Enden des Keils mit einer Handsäge ab.

4 Stellen Sie ein Streichmaß auf den Durchmesser Ihres größten Forstnerbohrers ein.

5 Reißen Sie dieses Maß an senkrechten Linien an, die Sie in regelmäßigen Abständen auf der Vorderseite des Torbretts angezeichnet haben.

6 Bohren Sie die Löcher, und reißen Sie mit einem Anreißmesser Linien von den Außenseiten der Kreise zur Brettkante an. Die Linien müssen genau mit dem Loch zusammenlaufen.

7 Schneiden Sie mit einer Handsäge auf der dem Loch zugewandten Seite der Messermarkierung, sodass das Sägeblatt im Loch herauskommt.

8 Leimen Sie zum Schluss zwei Stützen an die Rückseite des Tors.

Das fertige Murmelspiel. Hier wurden Forstnerbohrer unterschiedlicher Größe verwendet.

RINGSCHACHTEL

Wenn Sie Ihre Sägehilfe und Stoßlade (siehe Seiten 29–33) hergestellt haben, sind Sie mit diesem Projekt bereits halb fertig. Mit dieser Ringschachtel können Sie Ihre Säge-, Anreiß- und Einpasstechnik an kleinen Teilen vervollkommnen und wertvolle Reststücke von exotischen Hölzern und Furnier verwenden. Die Schachtel muss nicht unbedingt würfelförmig sein, und auch die Größe können Sie ganz nach Belieben anpassen.

Der Schlüssel zum Erfolg bei diesem Projekt ist, dass Ihre Holzstücke an allen vier Seiten glatt und rechteckig gehobelt sind, also achten Sie darauf, auf welcher Seite der Linie Sie arbeiten. Bei diesem Würfel treffen an 24 sichtbaren Stellen Kanten aufeinander, deshalb schneiden Sie besser großzügig zu, um ein schönes Ergebnis zu erhalten.

Maße

A = 10 mm
B = 35 mm
C = 1 mm

D = 4 mm
E = 5 mm
F = 6 mm

G = 25 mm
H = 23 mm
J = 45 mm

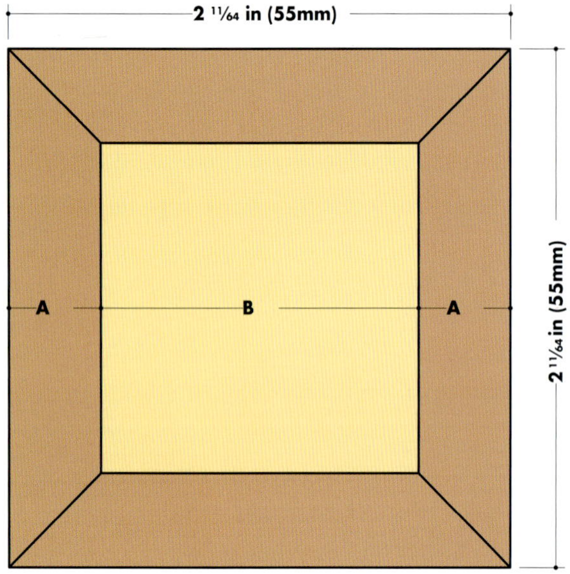

Draufsicht

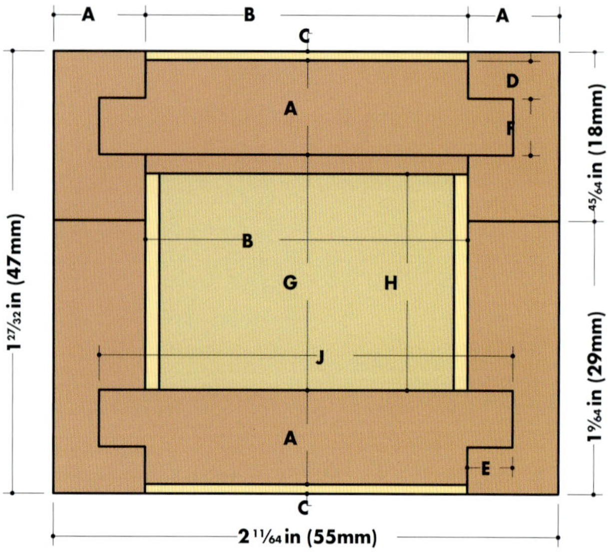

Schnitt

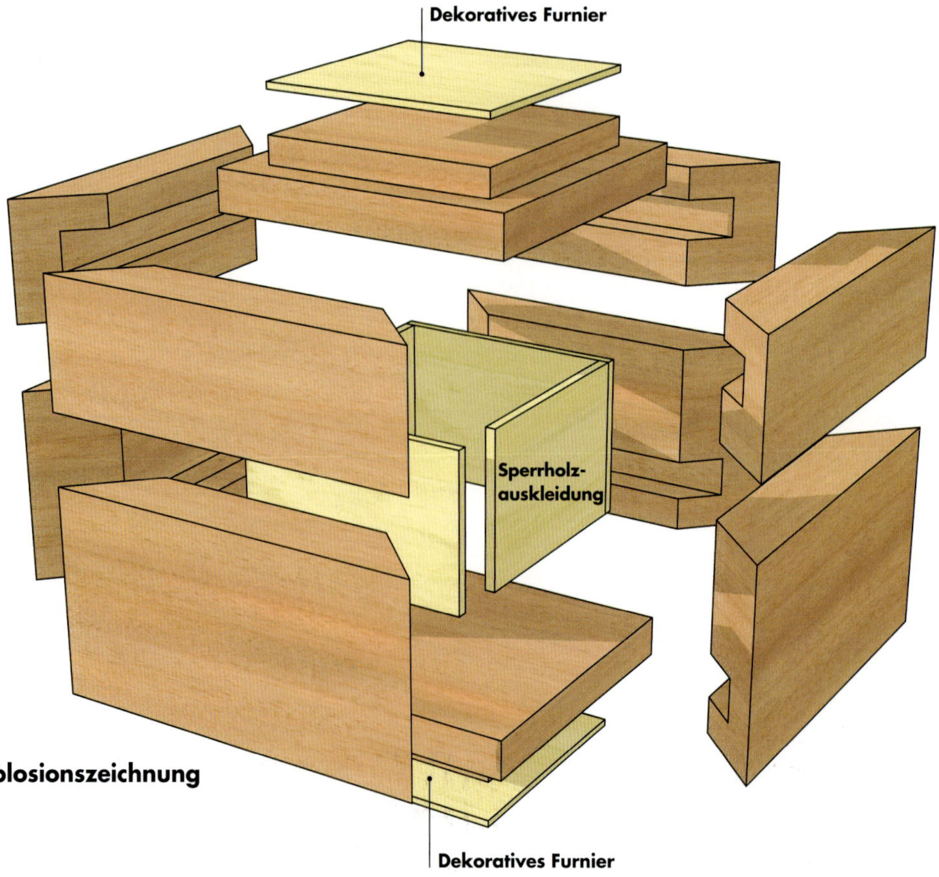

Explosionszeichnung

1 Wählen Sie ansprechende Reststücke aus. Hier wurden Amaranth sowie Vogelaugenahorn-Furnier (etwas größer zugeschnitten als der Amaranth) verwendet.

2 Tragen Sie auf eine Seite des Holzes (nicht des Furniers) gleichmäßig eine dünne Schicht Leim auf.

3 Kleben Sie das Furnier auf das Holz, legen Sie das andere Stück Holz auf das Furnier, und spannen Sie alles mit mehreren, gleichmäßig verteilten Zwingen zusammen.

4 Schneiden Sie an beiden Längskanten des mit Furnier versehenen Holzes einen Falz sowie an zwei Kanten des anderen Holzstücks eine entsprechende Nut. Versuchen Sie dabei, eine recht enge Passung zu erreichen.

5 Begradigen Sie die Kante des mit Furnier versehenen Holzes, und nehmen Sie mit einem Streichmaß die Breite des Falzes ab.

6 Übertragen Sie dieses Maß auf das Ende, und schneiden Sie die Zapfenbrüstung, um einen Zapfen auszuformen.

7 Hobeln Sie mit einem Simshobel den Zapfen auf die richtige Größe.

8 Reißen Sie die Zapfenbrüstung am anderen Ende an, und achten Sie darauf, auf der richtigen Seite der Linie zu schneiden.

9 Nutzen Sie das erste Teil, um die Maße auf das zweite zu übertragen. Die wichtigste Kante ist die der Zapfenbrüstung, nicht die Gesamtgröße – diese kann später noch reduziert werden.

10 Kennzeichnen Sie die aufeinandertreffenden Kanten, bevor Sie die Gehrungen anzeichnen.

11 Schneiden Sie die Gehrungen mithilfe einer Schneidlade, die auf Ihre Sägehilfe gespannt ist, großzügig zu.

12 Hobeln Sie mit einem Einhandhobel mit kleinem Fasenwinkel die Gehrungen auf der Stoßlade zurecht. Dabei hilft es, vor und hinter das Werkstück einen Anschlagblock mit Gehrung zu setzen.

13 Wenn Sie an den Gehrungen zu viel absägen, können Sie die Zapfenbrüstungen des Einsatzes anpassen (sowohl die Oberseite als auch die Unterseite). Es ist einfacher, die Schachtel in zwei Hälften zu verleimen.

14 Bringen Sie die oberen und unteren Kanten der Schachtel mit einer Ziehklinge auf die gleiche Höhe wie das Furnier.

15 Reißen Sie mit einem Streichmaß die gewünschte Position des Deckels an.

16 Um Fehler zu vermeiden, schneiden Sie auf der Linie zunächst auf jeder Seite nur bis zur Hälfte, um einen durchgängigen Schnitt zu erhalten.

17 Glätten Sie die Kanten auf einem Blatt Schleifpapier, das auf einem Brett befestigt ist. Arbeiten Sie von Ecke zu Ecke, und drehen Sie das Werkstück zwischendurch immer wieder.

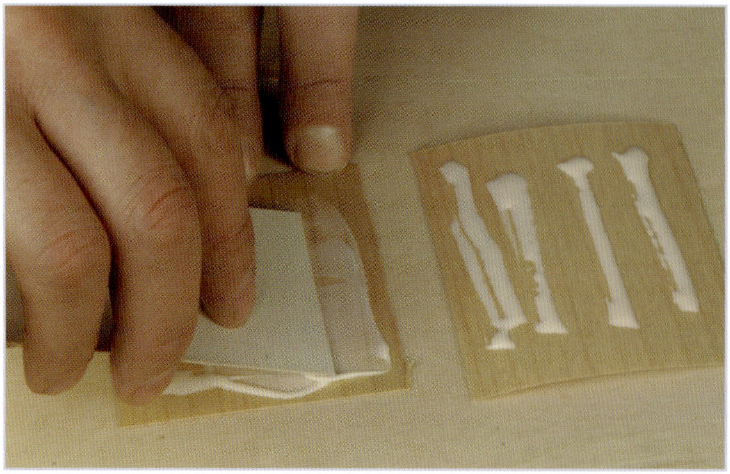

18 Stellen Sie aus drei Streifen Furnier etwas dünnes Sperrholz her. Die Faser der mittleren Schicht liegt dabei quer zur Faserrichtung der äußeren Schichten.

19 Schneiden Sie die Einsätze großzügig zu, und hobeln Sie sie anschließend auf der Stoßlade auf die richtige Größe.

20 Verleimen Sie die Einsätze einzeln mit der Schachtel.

Die fertige Ringschachtel sieht ungefähr so aus.

BILDERRAHMEN

Auf den ersten Blick sieht ein Bilderrahmen recht simpel aus. Acht identische Gehrungsverbindungen herzustellen, gilt dabei gemeinhin als die größte Schwierigkeit. Doch wenn die Rahmenseiten aus einem Stück gefertigt werden, verlagert sich die Schwierigkeit auf Stellen, die von außen nie zu sehen sein werden und, wenn sie nicht exakt ausgeführt werden, perfekte Gehrungsverbindungen praktisch unmöglich machen.

Ganz egal, mit welchem Gerät Sie die Falze herstellen, das Problem ist das gleiche: Wenn mehr als die Hälfte der Holzstärke abgetragen wird und dadurch weniger Oberfläche Kontakt mit dem Anschlag bzw. dem Tisch hat, kann sich das Holz leicht verbiegen, was gefährlich werden kann. Was aussieht wie die Herstellung eines einfachen Bilderrahmens, ist daher tatsächlich eine Übung zum exakten und sicheren Schneiden tiefer Falze.

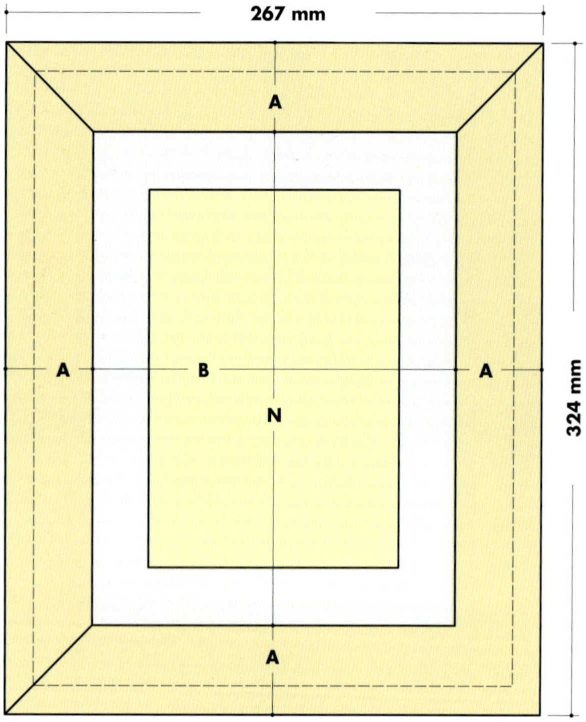

Vorderansicht

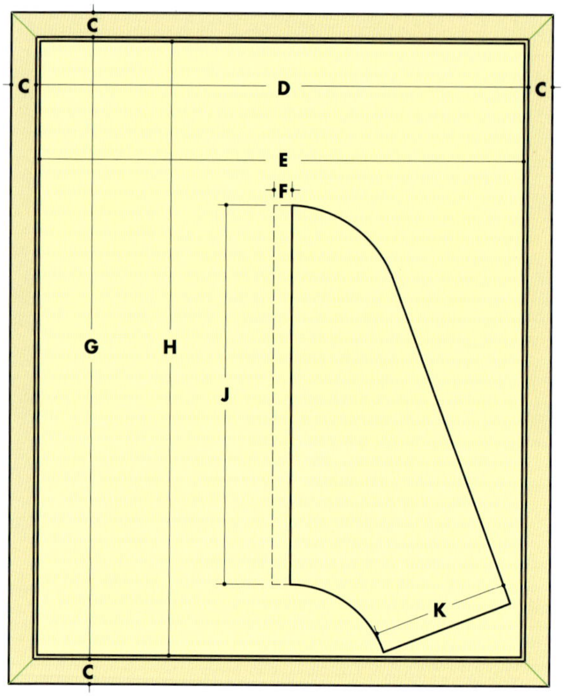

Rückansicht

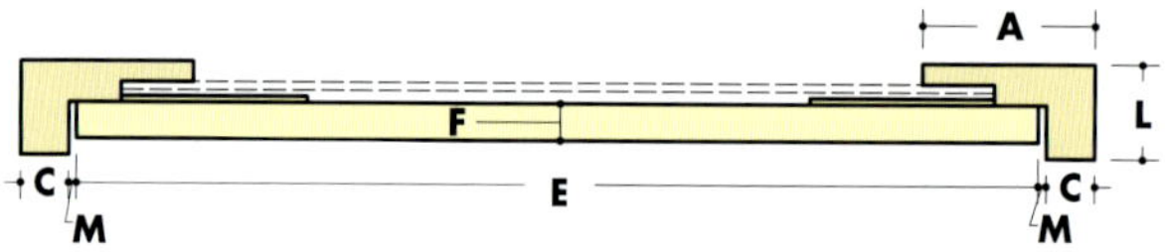

Schnitt

Maße
A = 43 mm
B = 181 mm
C = 12 mm
D = 243 mm
E = 239 mm
F = 9 mm
G = 300 mm
H = 296 mm
J = 183 mm
K = 67 mm
L = 23 mm
M = 2 mm
N = 238 mm

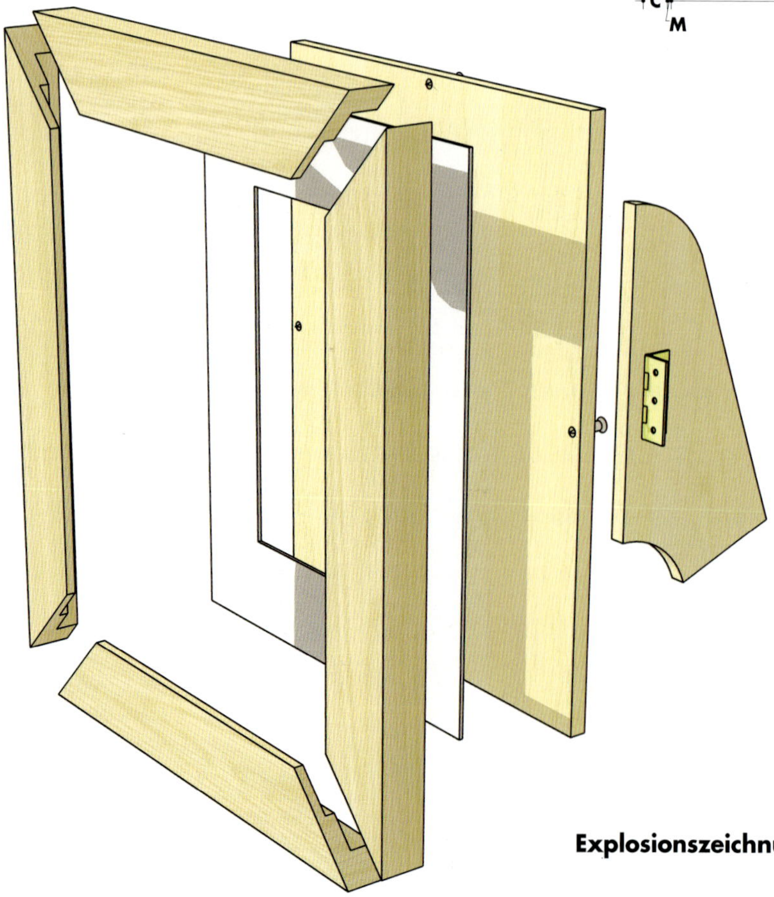

Explosionszeichnung

1 Hobeln Sie eine Leiste zurecht, die der Menge des Materials entspricht, das für den ersten Falz entfernt wurde. Sehen Sie dabei an der Seite, die am Anschlag anliegen wird, etwas Spiel für doppelseitiges Klebeband vor.

BILDERRAHMEN

2 Bringen Sie das Klebeband an der Stützleiste an, und drücken Sie es mit einer Rolle fest. Achten Sie darauf, dass keine Falten oder Erhebungen durch Holzspäne entstehen.

3 Kleben Sie die Leiste am Anschlag fest, nicht am Tisch. Wenn Sie die Einstellung ändern müssen, kann sich die Leiste so mitbewegen. Runden Sie die Vorderkante der Leiste an der Auslaufseite ab. Jetzt können Sie den zweiten Falz schneiden, während der erste gestützt wird.

4 Um mit wenig Mitteln perfekte Gehrungen herzustellen, schneiden Sie die Seiten paarweise großzügig zu, und hobeln Sie auf der Stoßlade (mit 45°-Einsatz) jeweils ein Stück auf das benötigte Maß.

5 Die zwei fertigen Teile können Sie dann als Schablonen für die anderen beiden nutzen. Um Verwechslungen vorzubeugen, markieren Sie jedes bereits fertige Stück.

6 Wenn die Gehrungen dennoch nicht perfekt zusammenpassen, können Sie an der entsprechenden Seite ein Stück Papier hinter den Anschlag der Stoßlade klemmen, um den Winkel minimal zu verändern.

7 Zum Spannen von Rahmen ist ein Bandspanner am besten geeignet; er übt auf alle vier Ecken gleichmäßigen Druck aus.

8 Passen Sie die Rückseite des Rahmens ein, und bringen Sie die Stütze an.

Der fertige Bilderrahmen sieht ungefähr so aus.

FLEISCHHAMMER

Dieses nützliche Küchenutensil ist genauso aufgebaut wie die Hämmer in Ihrer Werkstatt. Vielleicht kommen Sie ja auf den Geschmack und stellen in Zukunft noch mehr Werkzeug selbst her? Bei diesem Projekt üben Sie, aus einer eckigen Leiste einen runden Griff herzustellen, und Sie stellen Ihr Sägegeschick unter Beweis.

Außerdem lernen Sie das Prinzip des blind verkeilten Zapfens kennen, mit dem der Griff am Kopf befestigt wird.

Maße

A = 50 mm

B = 10 mm

C = 5 mm

D = 70 mm

E = 18 mm

F = 20 mm

G = 24 mm

H = 25 mm

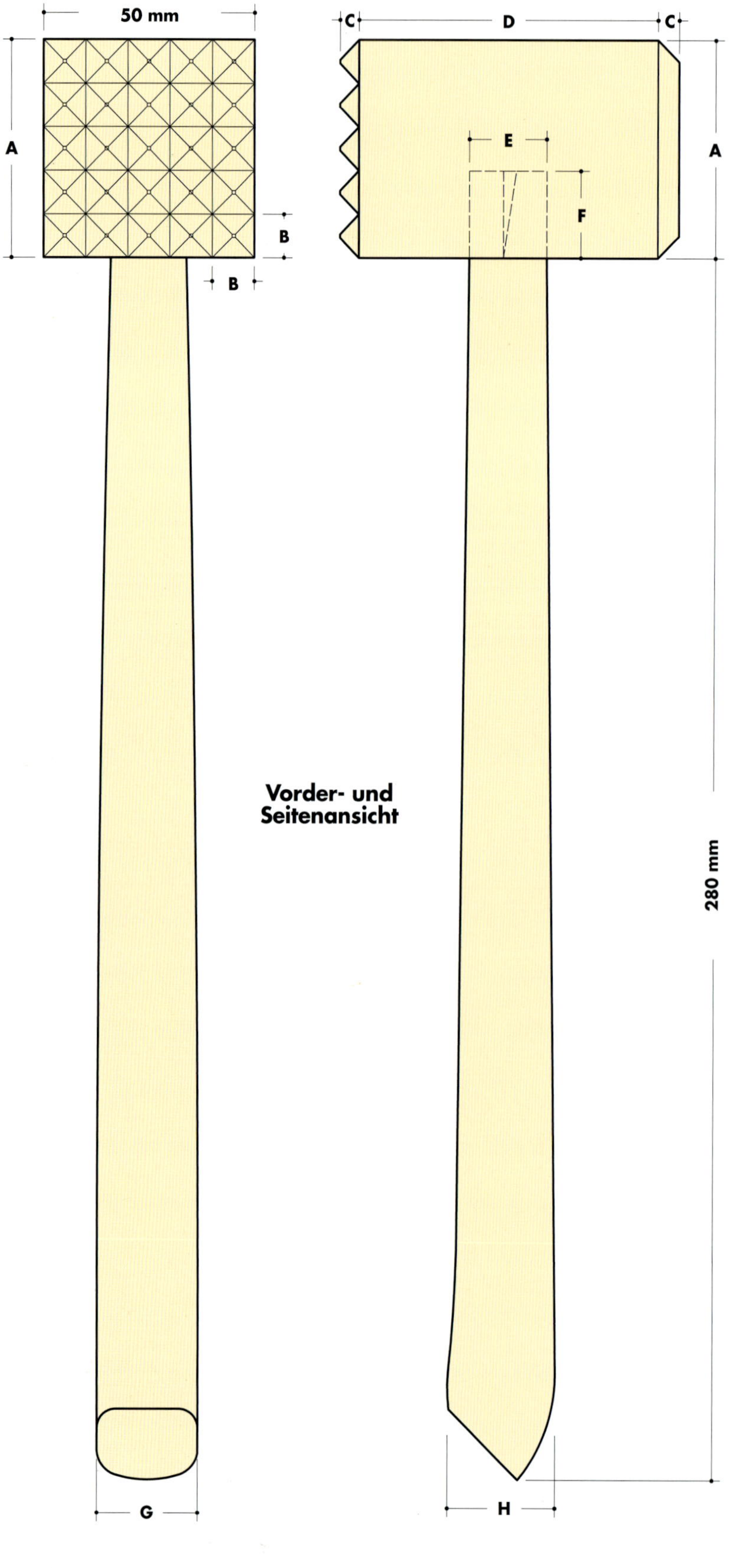

Vorder- und Seitenansicht

FLEISCHHAMMER

1 Harthölzer wie Buche, Ahorn und Platane eignen sich ideal für Küchenutensilien. Zeichnen Sie an ein Ende zuerst die Form des Griffs und den Durchmesser des runden Zapfens entsprechend dem Zapfenloch.

2 Vor dem Rundhobeln schneiden Sie eine kleine Kerbe ein, deren Länge der Lochtiefe im Hammerkopf entspricht.

3 Zum Ausformen des Griffs entfernen Sie zuerst die vier Ecken. Arbeiten Sie gleichmäßig, und achten Sie darauf, nicht in den am Ende eingezeichneten Kreis zu gelangen.

4 Sobald das Ende in das Loch passt, ziehen Sie eine Linie um den Griff, um zu markieren, wie tief er eindringt.

5 Formen Sie mit einer Raspel den Griff weiter, ohne dabei über diese Linie zu kommen. Prüfen Sie immer wieder die Passform, bis das Ende des Griffs bis ganz nach unten in das Loch eingeführt werden kann.

6 Mit einer Ziehklinge mit konkaven Ausschnitten können Sie die ganze Länge des Griffs gleichmäßig formen und alle Kratzspuren von Raspel und Hobel entfernen.

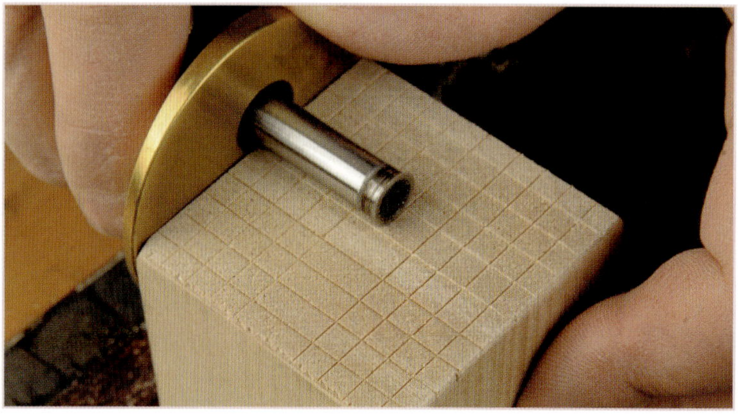

7 Reißen Sie mit einem Streichmaß ein gleichmäßiges Raster auf der Schlagfläche des Hammers sowie an den Seitenflächen eine Grundlinie an, die zur Oberkante den gleichen Abstand hat wie die Linien des Rasters zueinander.

8 Setzen Sie mit der feinsten Säge, die Sie besitzen (hier wurde eine japanische Säge verwendet), 45°-Schnitte bis zur Grundlinie.

9 Wiederholen Sie den Vorgang in der anderen Richtung und von der anderen Seite, um kleine Pyramiden zu formen.

10 Mit der Raspel glätten Sie die Kerben und spitzen die Pyramiden an.

11 Der Griff wird durch einen Keil im Hammerkopf fixiert. Der Keil wird hergestellt, indem ein kleines Stück Holz gegen einen Anschlag gehalten und keilförmig gehobelt wird.

12 Der Keil muss so stark sein, dass er nicht ganz in die Kerbe am Griffende passt. Er muss am anderen Ende um so viel überstehen, wie am unteren Ende der Kerbe frei bleibt.

Nun muss der Griff nur noch in den Hammerkopf eingeführt und festgeschlagen werden. Dabei dringt der Keil tiefer ein und weitet die Spitze des Griffs. Wenn das richtig gelingt, ist kein Leim nötig.

Der fertige Fleischhammer sieht ungefähr so aus.

DEKORATIVE SCHACHTEL

Dieses keilförmige Stück Brauneiche war von einem früheren Projekt übrig. Aufgrund seiner Fehler war es zum Drechseln ungeeignet, und wegen seiner geringen Größe konnte es auch nicht mehr als Furnier verwendet werden. Doch nicht nur der Charakter des Materials kann eine Inspirationsquelle sein, auch die Form eines Reststücks kann Sie auf Ideen bringen.

Wenn aus Restholz etwas Kleinteiliges hergestellt werden soll, sollten Sie vorher die maschinelle Bearbeitung bedenken und überlegen, ob diese vor dem Zuschnitt eventuell einfacher durchzuführen wäre.

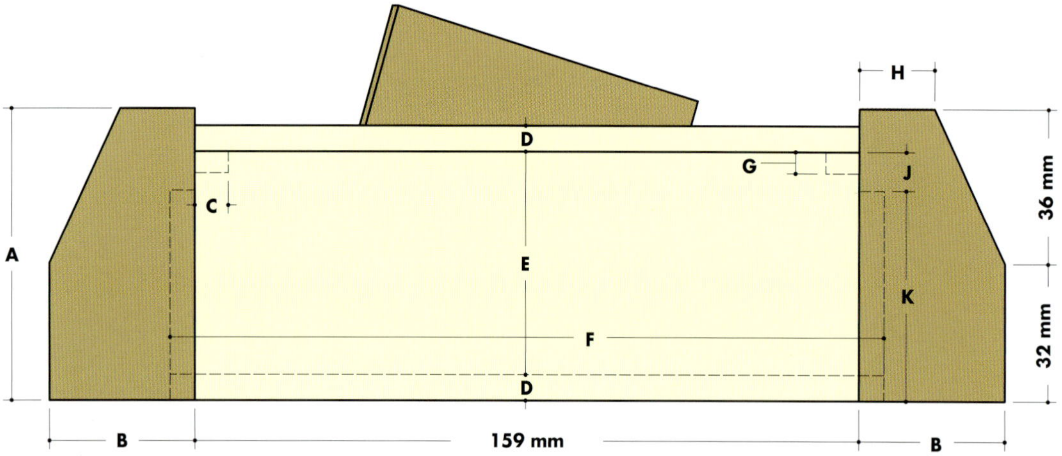

Seitenansicht

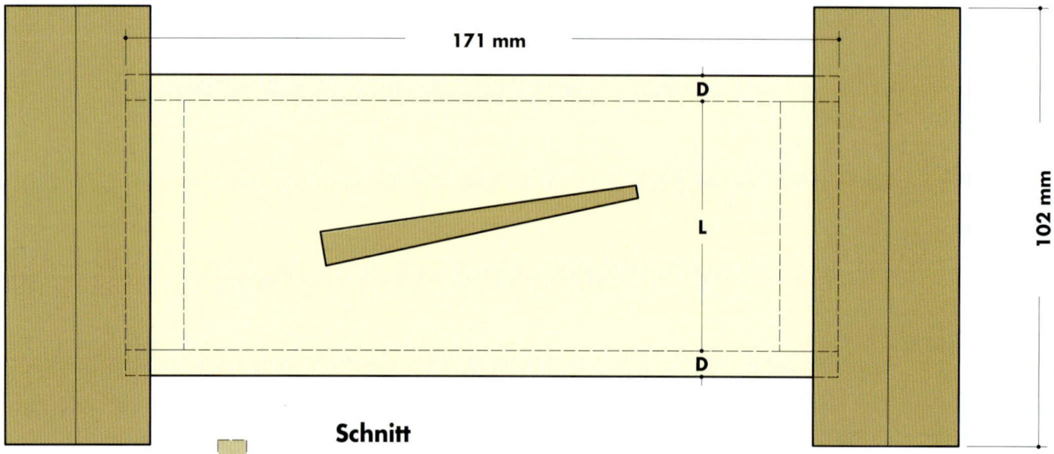

Draufsicht

Schnitt

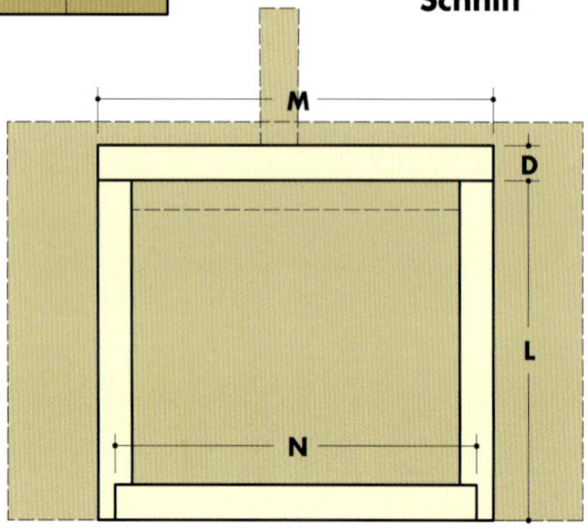

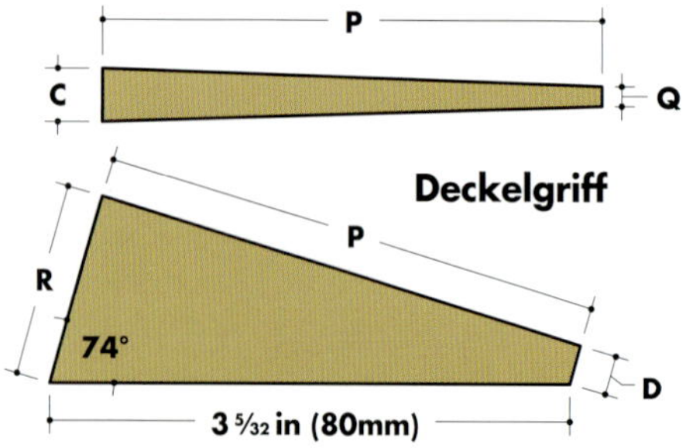

Deckelgriff

Explosionszeichnung

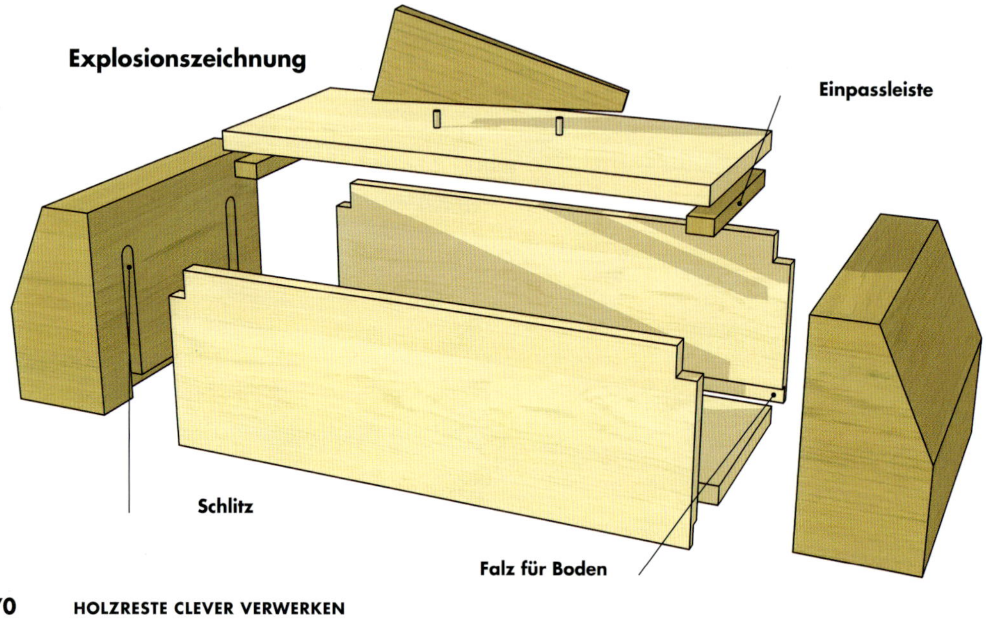

Maße

A = 68 mm
B = 35 mm
C = 8 mm
D = 6 mm
E = 52 mm
F = 171 mm
G = 5 mm
H = 18 mm
J = 9 mm
K = 49 mm
L = 58 mm
M = 70 mm
N = 64 mm
P = 77 mm
Q = 3 mm
R = 29 mm

1 Im ersten Schritt werden eine glatte Fläche und eine rechtwinklige Kante geschaffen, an denen die Holzverbindungen gefertigt werden können.

2 Das Blindholz wird so nah wie möglich am dunkleren Holz abgesägt, damit die kräftige Maserung zum Vorschein kommt.

3 Hobeln Sie das Material für die Seitenteile auf eine Stärke, die dem Durchmesser eines Spiralnutfräsers entspricht. Fräsen Sie dann an einer Seite des Klotzes zwei Nuten für die Seitenteile. Der Abstand zwischen den Nuten wird mit einem Zirkel abgenommen und auf die andere Seite des Klotzes übertragen.

4 Die Nuten müssen kürzer sein als die Höhe der Seitenteile.

5 Schieben Sie die Seitenteile in die Nut, und reißen Sie am oberen Ende der Seitenteile die Tiefe der Nut an.

6 Schneiden Sie eine kleine Zapfenbrüstung, indem Sie Material aus der oberen Ecke jedes Seitenteils entfernen.

7 Passen Sie alle Teile so ein, wie sie am Ende zusammengesetzt werden, und markieren Sie, welches Teil wohin gehört.

8 Fräsen Sie an der Unterkante des Klotzes Falze für den Schachtelboden. Danach schneiden Sie den Klotz in zwei gleichgroße Hälften.

9 Spannen Sie die Endstücke an die Seitenteile, und schneiden Sie den Boden zu. Dieser kann mithilfe der Stoßlade gut eingepasst werden.

10 Schneiden Sie den Deckel auf die passende Länge zu, aber wählen Sie eine großzügige Breite. Leimen Sie eine Leiste so an die Unterseite des Deckels, dass dieser beim Aufsetzen bündig mit einem der Seitenteile abschließt. Lassen Sie die Leisten zunächst 1 bis 2 mm zu lang.

11 Wenn der Leim getrocknet ist, passen Sie die Länge der Leisten an, bis der Deckel gut sitzt.

12 Reißen Sie die erforderliche Breite des Deckels an der anderen Seite von unten an, und schneiden Sie den Deckel zu.

Die fertige Schachtel sieht ungefähr so aus.

SPAGHETTIMASS

Mit diesem praktischen Hilfsmittel können Sie die Spaghettimenge für ein bis vier Portionen abmessen. Die Gestaltung dieses beliebten Utensils ist ganz schlicht, aber täuschen Sie sich nicht: Oft verlangen die einfachsten Gegenstände das meiste Können und Geschick, wenn man sie effizient herstellen möchte. Bei diesem Projekt sehen Sie, wie man aus einem Rohling mehrere identische Exemplare fertigen kann und welche zeitsparenden Techniken dabei eingesetzt werden können.

Buche, Ahorn oder Platane sind hierfür geeignet, also bewaffnen Sie sich schon einmal mit einem gut geschärften Bankhobel.

Maße

A = 9 mm
B = 33 mm
C = Ø 35 mm
D = 59 mm
E = Ø 30 mm
F = 51 mm
G = Ø 20 mm
H = 44 mm
J = Ø 15mm
K = 56 mm
L = 36 mm
M = Ø 50 mm

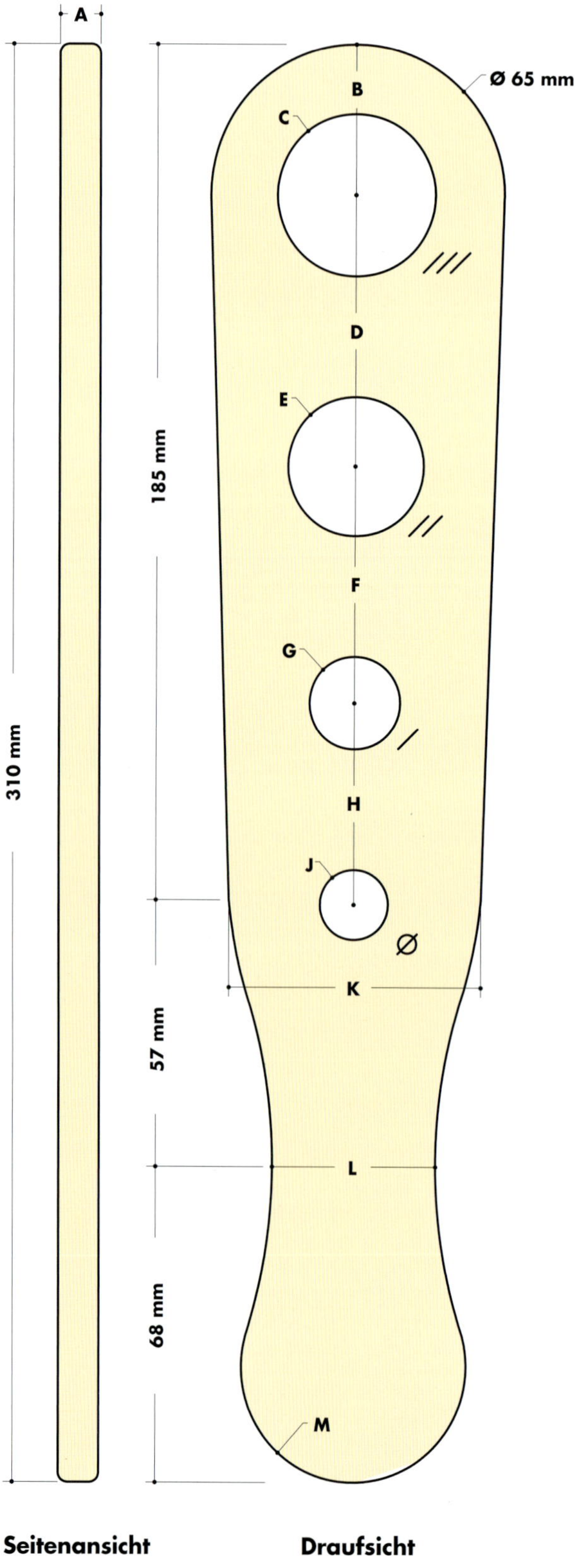

1 Bevor Sie die Form des Spaghettimaßes anreißen, richten Sie Ihr Holzstück mit dem Hobel an allen vier langen Seiten rechtwinklig ab. Reißen Sie dann die Löcher entsprechend der nebenstehenden Zeichnung an.

2 Zum Bohren der Löcher ist eine Säulenbohrmaschine das Beste, es geht aber auch mit einer Handbohrmaschine. Überlegen Sie, wie viele Exemplare Sie aus Ihrem Holz fertigen können, und bohren Sie die Löcher entsprechend tief.

SPAGHETTIMASS

3 Wenn Sie nur ein Maß herstellen möchten, bohren Sie die Löcher ca. 5 mm tiefer als die Stärke des fertigen Maßes. Sägen Sie mit der Bandsäge eine Scheibe vom Klotz ab; dabei sägen Sie nacheinander durch die Löcher.

4 Das Hobeln von dünnen Werkstücken ist niemals leicht; mit einem scharfen Hobel lassen sich die Sägespuren an der Oberfläche gut glätten. Verwenden Sie einen Anschlag, der dünner ist, als das Spaghettimaß am Ende werden soll. Heben Sie den Hobel hinten immer an, und setzen Sie wieder vorn an.

5 Spannen Sie das Werkstück hochkant in den Schraubstock, und formen Sie die Verjüngung mit dem Hobel aus.

6 Nach dem Absägen der Ecken mit der Bandsäge lässt sich der Griff mit einem Spindelschleifer besonders schnell ausformen. Mit ein wenig Übung werden Sie nahezu perfekte Bögen erzielen. Der Trick dabei ist, immer in Bewegung zu bleiben. Führen Sie das Werkstück vorsichtig entgegen der Drehrichtung an die Spindel heran und wieder weg, aber halten Sie niemals still.

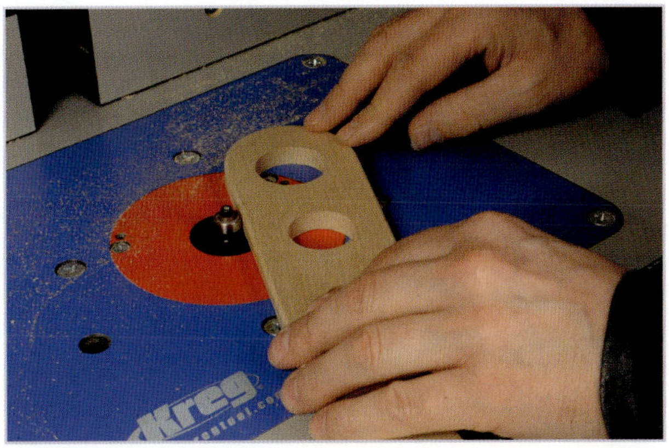

7 Kleine Teile lassen sich am schnellsten und am sichersten mit einer Oberfräse bearbeiten, die in einen Frästisch eingesetzt ist. Runden Sie die Kanten mit einem 3-mm-Abrundfräser mit Anlaufring ab. Hier gilt das gleiche wie beim Spindelschleifer: Führen Sie das Werkstück vorsichtig entgegen der Drehrichtung am Fräser entlang, und halten Sie es immer in Bewegung.

8 Bringen Sie mit einem Beitel Markierungen für die Portionsgröße an. Schlagen Sie die Klinge dabei in einem 45°-Winkel ca. 2 mm tief in Faserrichtung ein.

Das fertige Spaghettimaß sieht ungefähr so aus.

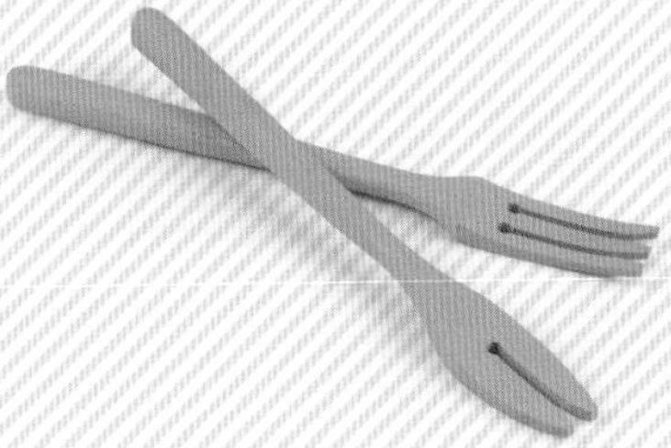

SALATBESTECK

Es ist ganz normal, alltägliche Gegenstände als selbstverständlich hinzunehmen und sich nicht zu fragen, warum sie eigentlich so sind, wie sie sind. Bei Besteck beispielsweise bestimmt die Funktion das Design – eingehend damit beschäftigen können Sie sich, wenn Sie Besteckteile einmal selbst herstellen.

Mit feinem Silberbesteck kann das natürlich nicht mithalten, aber bestimmt werden Sie Ihr Messer und Ihre Gabel danach mit ganz neuen Augen sehen.

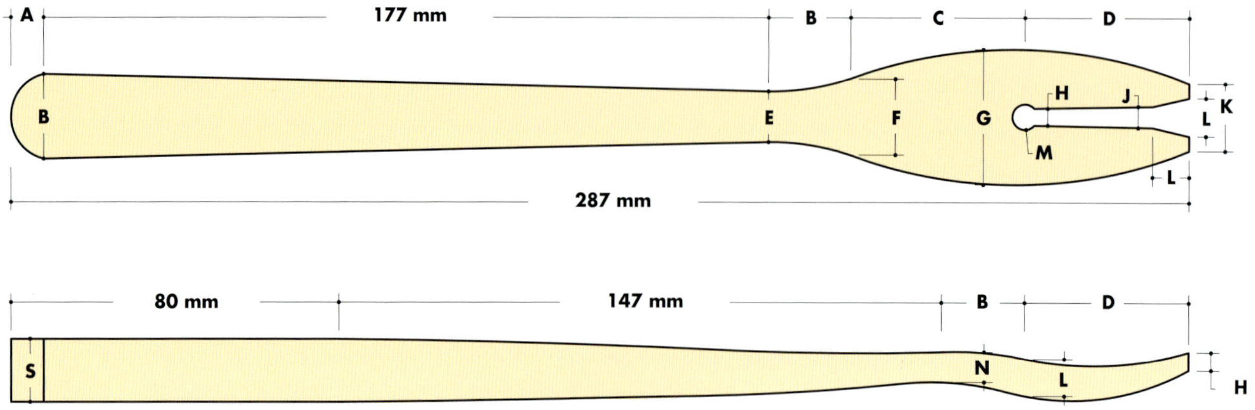

Draufsicht und
Seitenansicht

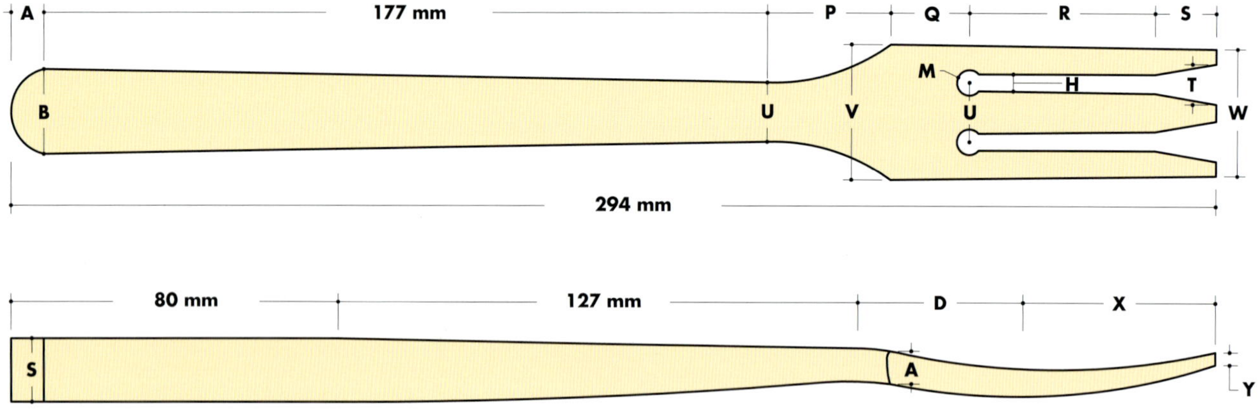

Maße

A = 8 mm
B = 20 mm
C = 42 mm
D = 40 mm
E = 12 mm
F = 18 mm
G = 32 mm
H = 4 mm
J = 5 mm
K = 16 mm
L = 9 mm
M = Ø 6 mm
N = 7 mm
P = 30 mm
Q = 19 mm
R = 45 mm
S = 15 mm
T = 10 mm
U = 14 mm
V = 32 mm
W = 30 mm
X = 47 mm
Y = 3 mm

1 Ihr Holzstück muss nicht groß genug für beide Utensilien sein, doch auf diese Weise sparen Sie sich etwas Arbeit. Aus einem dicken Stück können Sie vielleicht sogar zwei Paare fertigen.

2 Bohren Sie am unteren Ende der Zinken Löcher, die etwas größer sind als die Schlitze. Das erspart Ihnen das Ausformen dieser schmalen Schlitze mit Schleifpapier und hilft, Risse zu vermeiden.

3 Sägen Sie die Zinken bis zu den Löchern aus, und schneiden Sie die Teile anschließend mit der Bandsäge grob zu.

4 Formen Sie mit einer Raspel vorsichtig die V-Form an der Spitze der Zinken. Wenn Sie die Gabel flach auf der Werkbank fixieren, können Sie dafür auch einen Beitel verwenden.

5 Zum Herausarbeiten der Gabelform ist eine Raspel das ideale Werkzeug. Formen Sie so viel wie möglich, solange die Kanten noch rechtwinklig sind und das Werkstück leichter in einen Schraubstock gespannt werden kann.

6 Zeichnen Sie das Profil der Gabeln an der Seite an. Nehmen Sie am Hals nicht zu viel Material weg, um die Gabel nicht zu schwächen.

7 Wenn der Griff eine einfache runde Form erhalten soll, erreichen Sie dies am schnellsten mit der Raspel.

8 Anschließend glätten Sie die Oberfläche mit einer Ziehklinge mit konkaven Ausschnitten.

Das fertige Salatbesteck sieht ungefähr so aus.

STIFTEBECHER

Bei diesem Projekt können Sie einen ganzen Haufen scheinbar nicht zusammenpassender Reste unter Zuhilfenahme einer einfachen Bohrhilfe in etwas Nützliches verwandeln. Die genauen Maße sind nebensächlich – richten Sie sich nach den Lochsägen, die Sie vorrätig haben. Sie brauchen mindestens zwei mit einem Größenunterschied von ca. 8 mm. Außerdem brauchen Sie für dieses Projekt noch eine Säulenbohrmaschine.

Aus Reststücken, die Sie sonst vielleicht nicht weiter beachtet hätten, schaffen Sie so etwas Schönes und gleichzeitig Funktionales. Wenn Sie viele solcher Reste haben, können Sie wie hier ein ganzes Becherset herstellen.

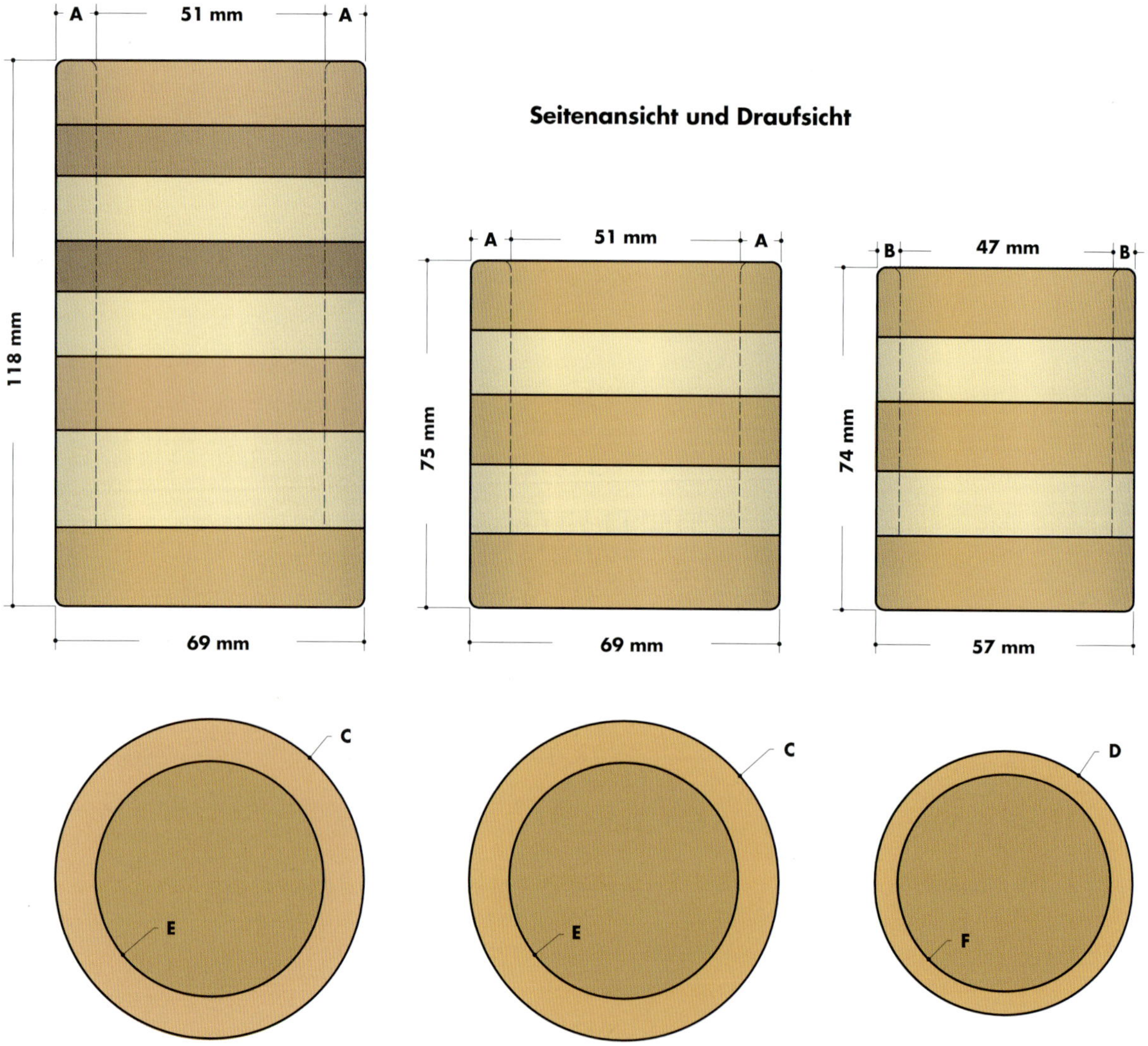

Maße

A = 9 mm

B = 5 mm

C = Ø 69 mm

D = Ø 57 mm

E = Ø 51mm

F = Ø 47 mm

1 Sie benötigen Reststücke mit parallelen Oberflächen und zwei rechten Winkeln.

2 Befestigen Sie zwei Leisten im 90°-Winkel auf einem Brett, das größer ist als der Tisch Ihrer Säulenbohrmaschine.

3 Spannen Sie die Vorrichtung auf den Tisch. Legen Sie ein Reststück an die Leisten an, und bohren Sie mit der kleineren der zwei Lochsägen ein Loch.

4 Wenn Sie das bei allen Stücken gemacht haben, wiederholen Sie den Vorgang mit der größeren Lochsäge.

5 Dabei entsteht ein Ring. Wenn Sie nicht die Möglichkeit haben, einen langen Zentrierbohrer zu verwenden, gehen Sie am Anfang ganz vorsichtig vor, da die Lochsäge dann keine Führung hat.

6 Entgraten Sie die Ringe auf einem umgedrehten Bandschleifer; dabei müssen die zwei flachen Oberflächen jedoch parallel bleiben.

7 Leimen Sie die Ringe zu einer Röhre zusammen. Die Höhe bleibt Ihnen überlassen.

8 Wenn der Stapel trocken ist, schleifen Sie die Außenseite wieder mit dem Bandschleifer glatt.

9 Gleichen Sie mit einer Raspel die gröbsten Unebenheiten an der Innenseite aus.

10 Am schnellsten lässt sich die Innenseite mit einem Spindelschleifer glätten.

11 Schneiden Sie mit der Bandsäge einen etwas zu großen Boden für den Becher aus, und leimen Sie ihn fest.

12 Mit der Oberfräse und einem Fräser mit Anlaufring fräsen Sie zum Schluss den Boden so, dass er bündig mit der Röhre abschließt.

Die fertigen Stiftebecher sehen ungefähr so aus.

FEDERKASTEN

Ein wichtiges Element beim Möbelbau ist der Einbau von Eisenwaren wie Scharnieren und Schlössern in einen Korpus. Im Prinzip wird um das Teil herum angerissen und dann genügend Abfall entfernt, damit es sich in die Aussparung einfügt.

In der Praxis ist jedoch noch ein wenig mehr zu bedenken, bevor Sie eine solche Aufgabe angehen können, ohne Angst haben zu müssen, ein schönes Werkstück zu ruinieren. Bei diesem Projekt geht es weniger um den Korpusbau – obwohl auch hier perfekt rechtwinkliges Material wichtig ist – als um exaktes Anreißen und Bohren. Für dieses Projekt benötigen Sie auch einen Seltenerdmagnet sowie zwei Scharniere.

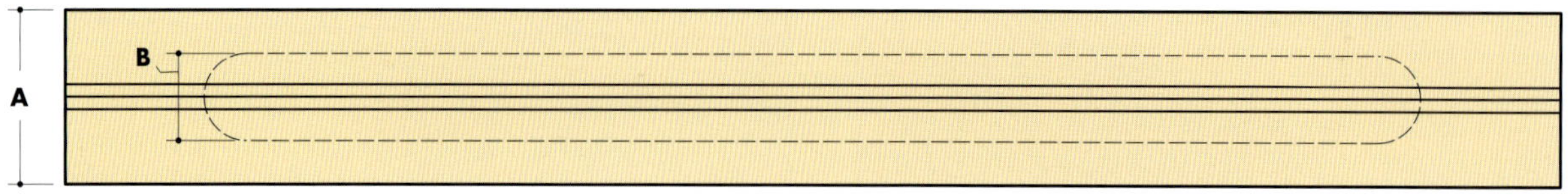

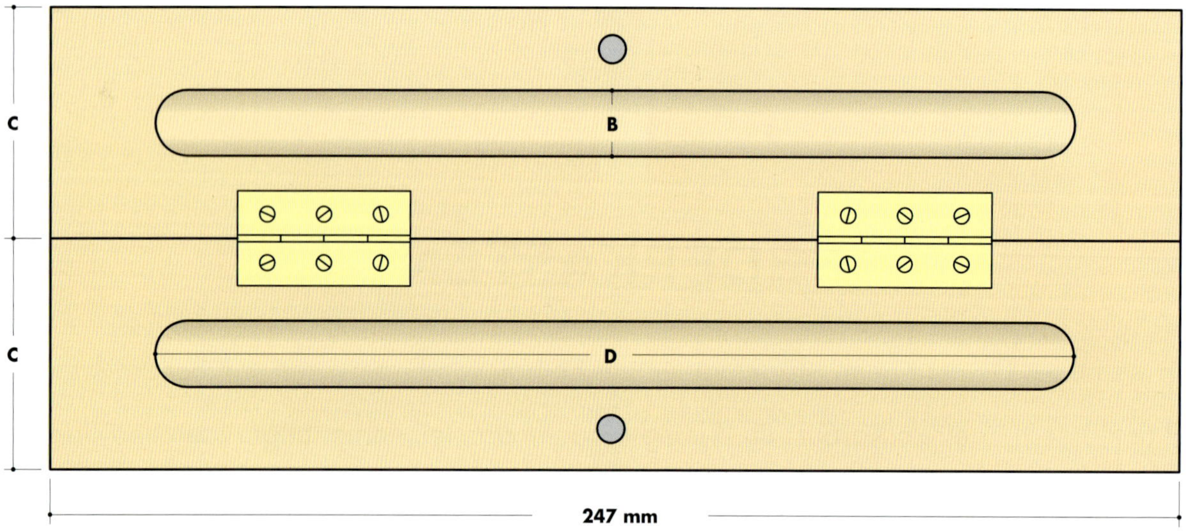

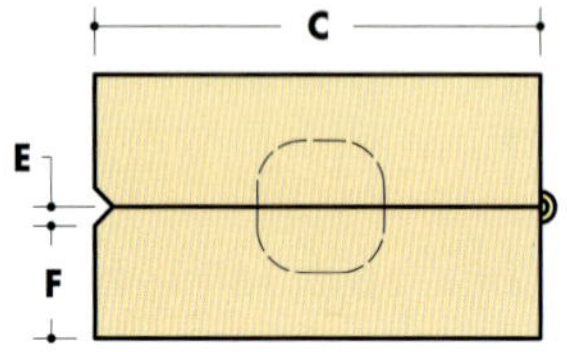

Seitenansicht

Draufsicht

Maße

A = 28 mm

B = 14 mm

C = 49 mm

D = 201 mm

E = 2 mm

F = 12 mm

1 Verwenden Sie für die Rille einen abgerundeten Nutfräser. So können Sie die Rille verbreitern, ohne dass Wellen entstehen.

2 Fräsen Sie am Parallelanschlag mit der Oberfräse zwei Rillen, wobei Sie die Kante der Grundplatte als Bezugspunkt und eine Zwinge als hinteren Anschlag verwenden. Das Fräsen der Rillen kann einfacher sein, wenn die Teile noch nicht zugeschnitten sind.

3 Reißen Sie an der Position der Scharniere mit dem Messer eine einzelne Linie an. Setzen Sie das Scharnier direkt auf die Markierung, und reißen Sie am anderen Ende eine zweite Linie an. Die Tiefe des Scharniers wird erst im nächsten Schritt angerissen.

4 Stellen Sie ein Streichmaß auf den Abstand von der Kante eines Gewerbes bis kurz vor die Mitte des Scharnierstiftes ein.

5 Übertragen Sie dieses Maß auf das Holz. Die Linien müssen sich dabei nicht treffen.

6 Mit einer Oberfräse, die auf die Tiefe des Gewerbes eingestellt ist, lässt sich ein Großteil des Abfalls frei Hand entfernen.

7 Nur einen kleinen Rest müssen Sie noch vorsichtig mit einem Beitel entfernen.

8 Wenn Sie auf einer Seite fertig sind, spannen Sie die zwei Hälften zusammen und reißen die Position des Scharniers an der anderen Seite an.

9 Spannen Sie die zwei Hälften flach liegend mit einer Federzwinge zusammen, und überprüfen Sie die Positionierung der Scharniere, bevor Sie die Schraublöcher vorbohren.

10 Reißen Sie die Mitte an, um die kleinen Sacklöcher für die Seltenerdmagnete bohren zu können.

11 Fasen Sie die vorderen Innenkanten schmal an, und schneiden Sie den Kasten im montierten Zustand auf die erforderliche Länge.

12 Wenn die Magnete nicht von allein halten, fixieren Sie sie mit ein wenig Epoxidharz. Beim Anbringen können Streichhölzer hilfreich sein.

Der fertige Federkasten sieht ungefähr so aus.

WANDBOARD

Von Regalen wird zuweilen viel erwartet: Sie sollen unser Hab und Gut tragen und gleichzeitig dekorativ sein. Die Befestigungen für Regale sind aber manchmal nicht sehr attraktiv. Die Lösung: Man versteckt sie einfach im Regalbrett, sodass es aussieht, als ob dieses schwebt.

Bei diesem Projekt lernen Sie, wie ein einfacher Kasten hergestellt wird. Es gibt keine filigranen Verbindungen und keine speziellen Dübel – nur zwei einfache Falze, die mehr Verleimfläche in Faserrichtung als auf dem schwächeren Hirnholz schaffen.
Diese Verbindungsart eignet sich besonders, um große Möbelstücke zu stabilisieren.

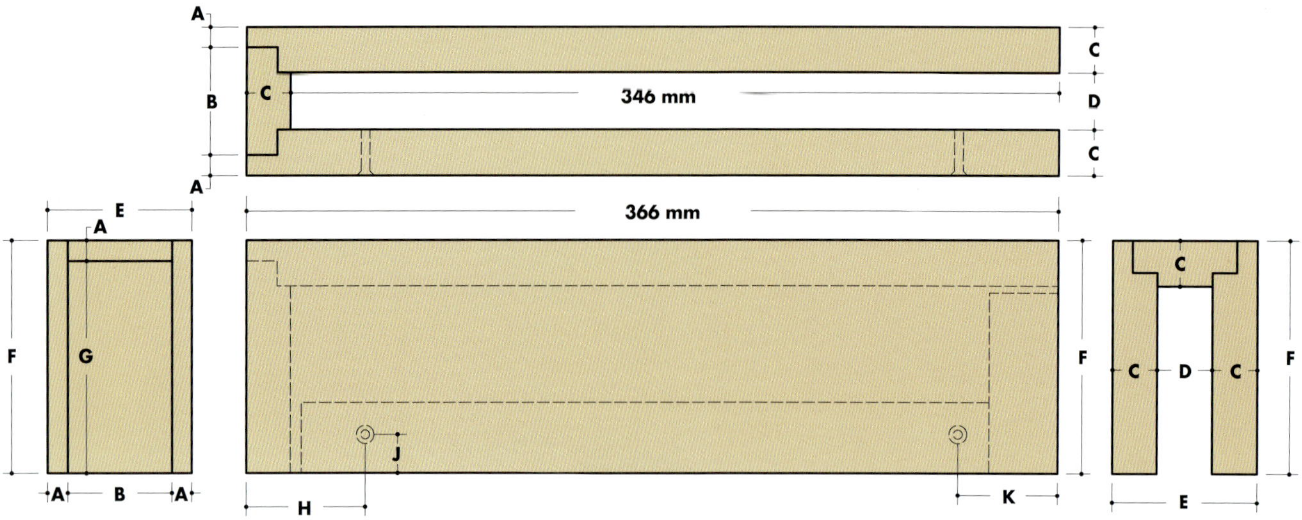

Seitenansicht Draufsicht Schnitt

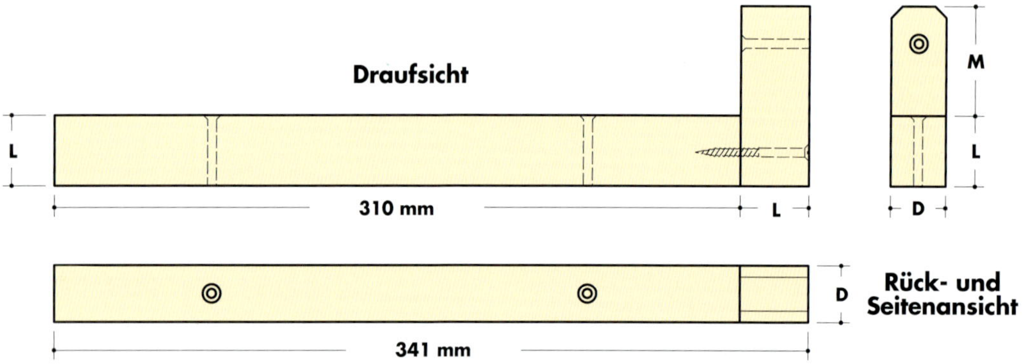

Maße

A = 9 mm
B = 47 mm
C = 20 mm
D = 25 mm
E = 65 mm
F = 102 mm
G = 93 mm
H = 54 mm
J = 17 mm
K = 45 mm
L = 31 mm
M = 48 mm

Explosionszeichnung

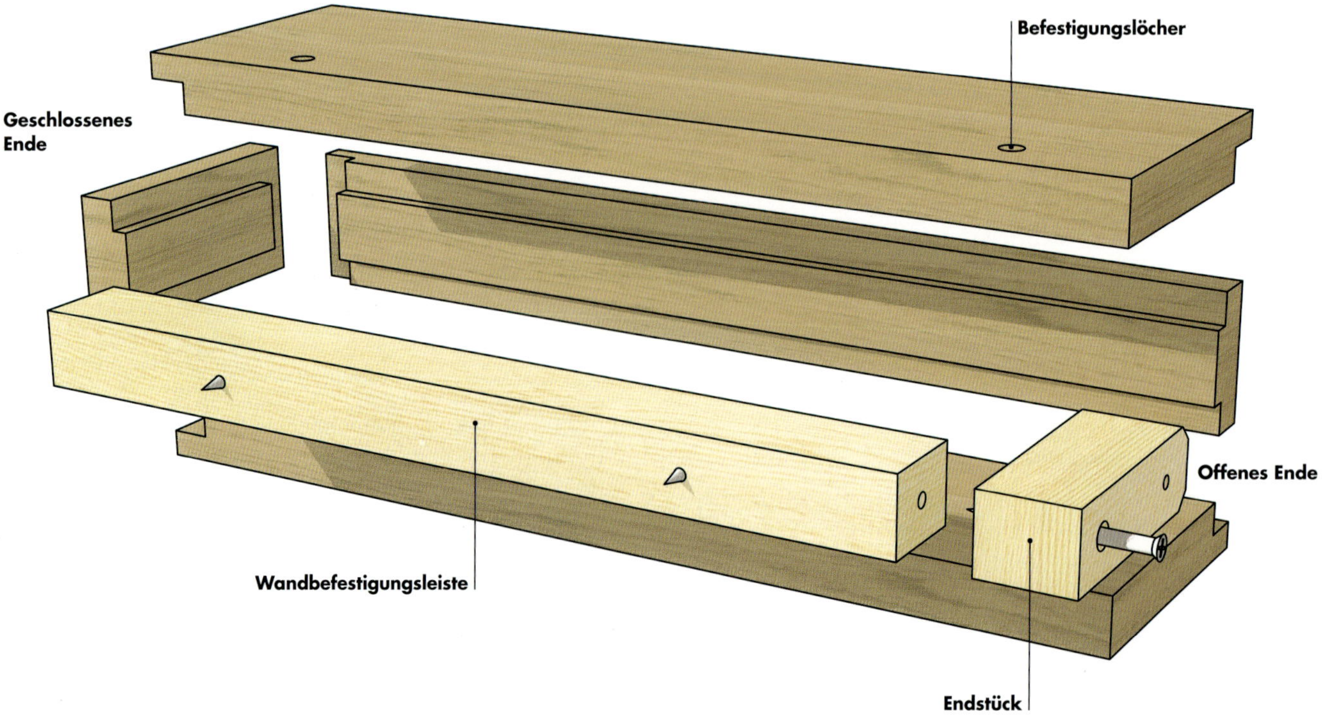

1 Fräsen Sie zuerst einen Falz an die Innenkanten des Ober- und des Unterteils. Die genauen Maße sind nicht entscheidend – etwa die Hälfte der Brettstärke in der einen Richtung und sichtbar mehr in der anderen. Auf diese Weise ist auch gleich ersichtlich, wie herum die Bretter montiert werden müssen.

2 Wenn das Regal am Ende eine ganz bestimmte Stärke haben soll, können Sie nun das Vorderteil vorbereiten. Legen Sie es in die Falze, und reißen Sie den zweiten Teil des Falzes an.

3 Die Stärke des Materials über der Oberkante, wie auf diesem Foto zu sehen, ist die Anschlagseinstellung für Ihren Frästisch.

4 Die Fräserhöhe bleibt gleich, solange Sie direkt an der Kante arbeiten.

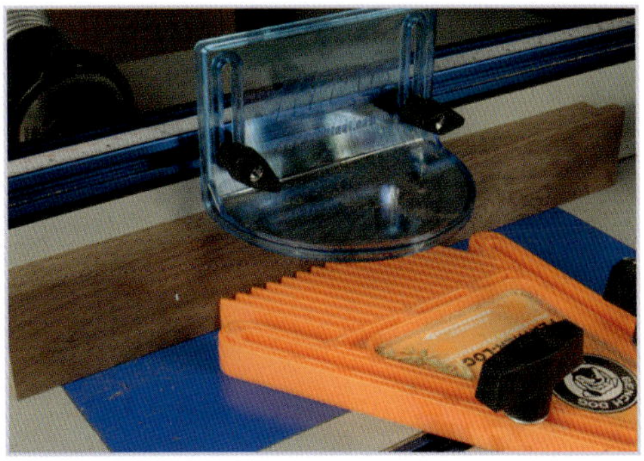

5 Bei der maschinellen Herstellung von Verbindungen sollten Sie immer einen Druckkamm verwenden, um ein gleichmäßiges Profil zu erhalten. Das trägt auch zur Arbeitssicherheit bei.

6 Diese Fräseinstellung verwenden Sie auch für die Enden des Ober- und des Unterteils. Verwenden Sie zum Abstützen des Werkstücks einen Gehrungsanschlag.

7 Die Enden des Vorderteils sollten sich per Hand mit einer Säge abschneiden lassen.

8 Nun haben Sie alle Teile für ein Wandboard mit einem geschlossenen Ende.

9 Das offene Ende soll später an einer Wand anliegen, deshalb schneiden Sie das Ende einfach glatt ab.

10 Leimen Sie die Teile zusammen, und fertigen Sie anschließend die Wandbefestigung. Fasen Sie die Kante des Endstücks an, damit sich das Wandboard einfacher darüber schieben lässt.

11 Um weichere Kanten zu erhalten, können Sie eine kleine Oberfräse mit einem kleinen Abrundfräser verwenden oder die Kanten im 45°-Winkel anfasen.

12 Zum Schluss wird das Oberteil mit kleinen Schrauben an der Wandbefestigung festgeschraubt; dafür bohren Sie Löcher im Oberteil vor und fräsen diese zum Versenken aus.

Das fertige Wandboard sieht ungefähr so aus.

SETZKASTEN

Ein Setzkasten war früher eigentlich ein Sortierkasten für Bleilettern für den Buchdruck. Jedes Kästchen enthielt ein bestimmtes Schriftzeichen. Auch Sammler sortieren ihre Schätze gern, und so etablierte sich der Setzkasten als Aufbewahrung für Sammlerstücke.

Bei diesem Projekt spielt die Flachdübelfräse eine zentrale Rolle, aber genauso kann eine Tauchsäge oder Gehrungssäge mit Tiefenanschlag verwendet werden.

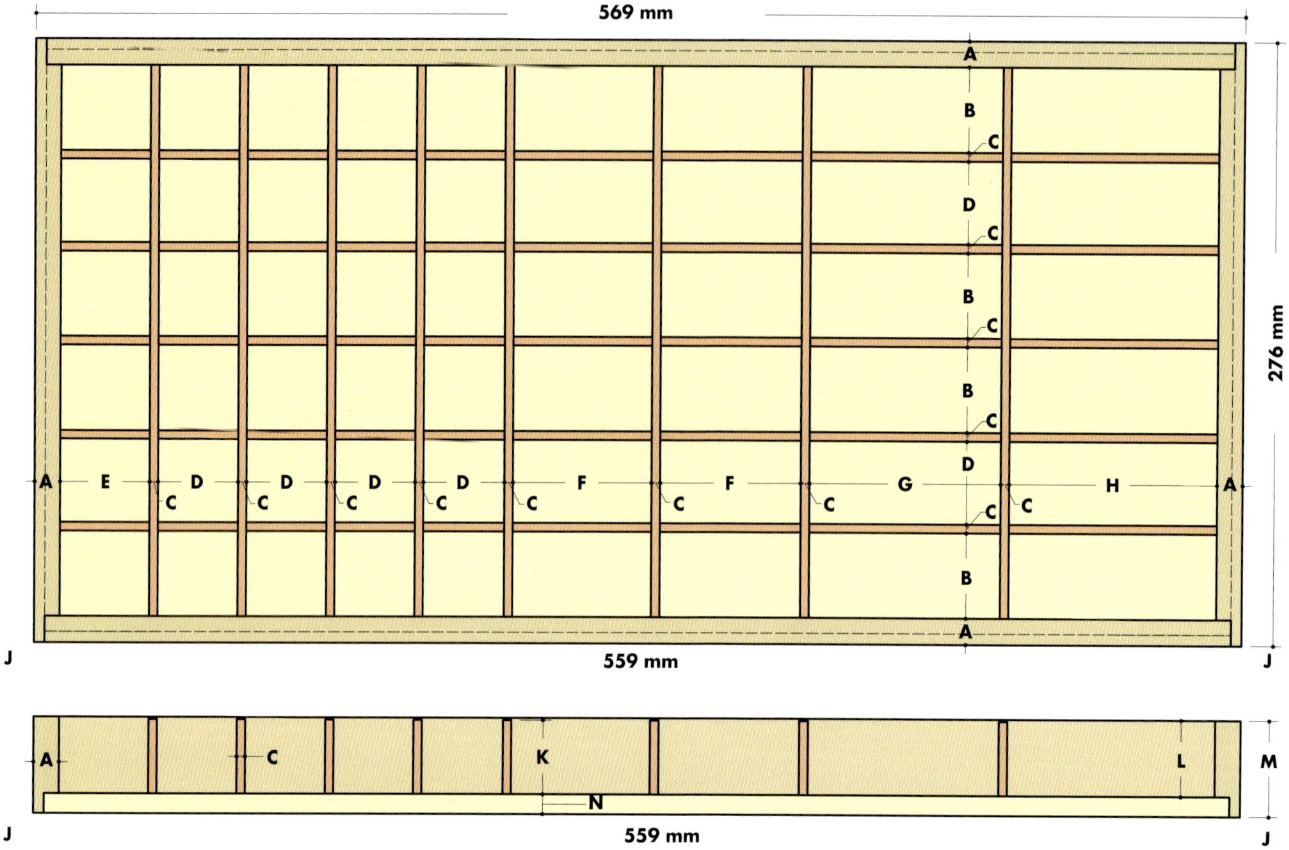

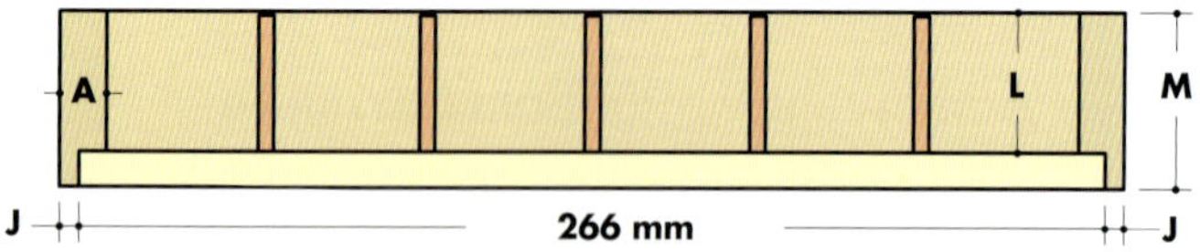

KEY

A = 12 mm
B = 39 mm
C = 4 mm
D = 38 mm
E = 42 mm
F = 66 mm
G = 89 mm
H = 98 mm
J = 5 mm
K = 34 mm
L = 35 mm
M = 44 mm
N = 9 mm

Draufsicht und Schnitte

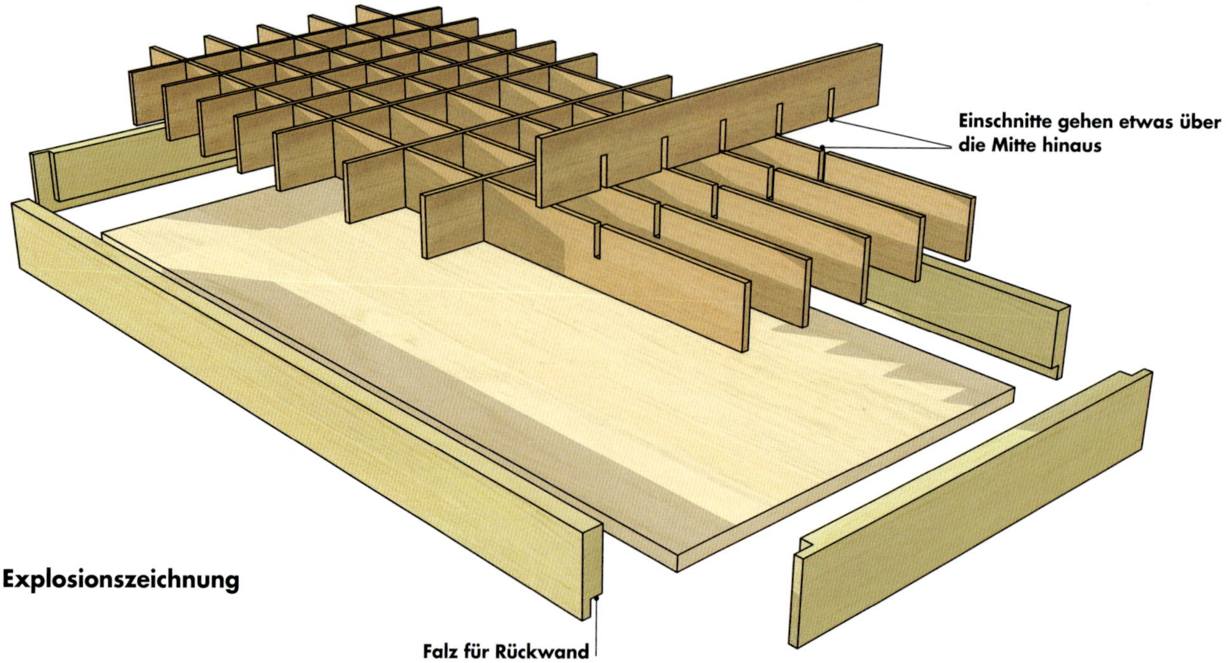

Explosionszeichnung

SETZKASTEN

1 Bestimmen Sie die Breite des Sägeschlitzes, indem Sie mit einem einzelnen Schnitt in ein überschüssiges Stück Holz eine Nut schneiden. Nutzen Sie die entstandene Nut als Lehre zum Vorbereiten ausreichenden Materials für die Gitterleisten. Diese müssen sich exakt und ohne Widerstand in die Nut einsetzen lassen.

2 Verbinden Sie zwei rechtwinklig abgerichtete Kanthölzer mit der gleichen Höhe wie die Gitterleisten zu einem 90°-Winkel, wie im Bild dargestellt.

3 Stellen Sie die Schnitttiefe an Ihrer Maschine auf etwas mehr als die Hälfte der Breite der Gitterleisten ein. Bei Gehrungssägen muss der Tiefenanschlag eingestellt werden.

4 Bringen Sie einen Anschlag so auf dem Holzwinkel an, dass er von der Kante der einen Seite etwas zurückgesetzt ist, und verwenden Sie ihn, um mit Ihrer Maschine einen Schnitt zu machen. Wenn Sie eine Gehrungssäge verwenden, benötigen Sie diese Vorrichtung nicht.

5 Bevor Sie die genaue Länge der Gitterleisten bestimmen können, müssen Sie die Außenwände vorbereiten, z. B. durch Fräsen eines Falzes mit einer Oberfräse.

6 Noch ist es nicht wichtig, die Rückwand exakt zuzuschneiden – das könnte sogar hinderlich sein. Der Falz sollte etwa halb so breit wie die Außenwände sein.

7 Schneiden Sie die Gitterleisten großzügig auf Länge, und kleben Sie die Quer- und die Längsleisten jeweils mit Kreppband zusammen. Achten Sie darauf, an beiden Enden die gleiche Menge Kreppband zu verwenden, damit das Paket später nicht schief am Anschlag liegt.

8 Hobeln Sie das Paket auf der Stoßlade an einem Ende glatt, um eine saubere Kante zu erhalten, von der aus die Mittellinien angezeichnet werden können. Solange das genaue Fertigmaß des Setzkastens nicht entscheidend ist, können Sie die Pakete etwas länger als benötigt lassen – 1 bis 2 mm sollten ausreichen.

9 Positionieren Sie die Pakete so in der Vorrichtung, dass die Mittellinie in der Mitte des Schnitts in der Vorrichtung zu liegen kommt.

10 Spannen Sie die Vorrichtung an der Werkbank fest, und sägen Sie alle Schnitte bei beiden Paketen. Dadurch, dass Sie sich an Mittellinien orientieren, können Sie von beiden Seiten des Pakets aus arbeiten und müssen nicht überlegen, auf welcher Seite der Linie geschnitten werden muss.

11 Entfernen Sie überall das Kreppband, und nummerieren Sie die Pakete deutlich sichtbar an einem Ende, bevor Sie mit dem Zusammenbauen beginnen. Falls ein Schnitt nicht tief genug sei sollte, wäre eine Korrektur durch erneutes Zusammenbinden der Pakete schwierig; stattdessen können Sie die hervorstehende Kante abhobeln, um einen bündigen Abschluss zu erhalten.

12 Wenn das Gitter fertig ist, spannen Sie an die Enden zwei gegenüberliegende Außenwände. Messen Sie zwischen den Falzen die benötigte Breite der Rückwand aus.

13 Spannen Sie die zwei Außenwände an die Rückwand, und gleichen Sie eventuelle Längenunterschiede bei den Teilen aus.

14 Stellen Sie die Verbindungen fertig, indem Sie die Falze an den Enden der letzten zwei Außenwände fräsen.

15 Leimen Sie die Wände an die Rückwand, und achten Sie dabei auf die Einhaltung des rechten Winkels.

16 Setzen Sie die Gitterleisten in der nummerierten Reihenfolge ein. Falls erforderlich, passen Sie die Länge immer am gleichen Ende nacheinander mithilfe der Stoßlade an.

Der fertige Setzkasten sieht ungefähr so aus.

SCHWALBENSCHWANZSCHACHTEL

Dieses bewährte Design für eine kleine Schachtel wird normalerweise mit Nut und Feder zur Deckelbefestigung hergestellt. Bei dieser Version ist das Prinzip ähnlich, doch hier muss der Frästisch sehr genau eingestellt werden, und sorgfältiges Anreißen im Vorfeld ist ganz wichtig. Deckel und Körper der Schachtel werden aus dem gleichen Klotz geschnitten, damit die Maserung zwischen den Teilen nicht unterbrochen wird. So entsteht eine beinahe unsichtbare Gratverbindung. Dieses Projekt enthält die Maßangaben für drei unterschiedliche Schachtelgrößen.

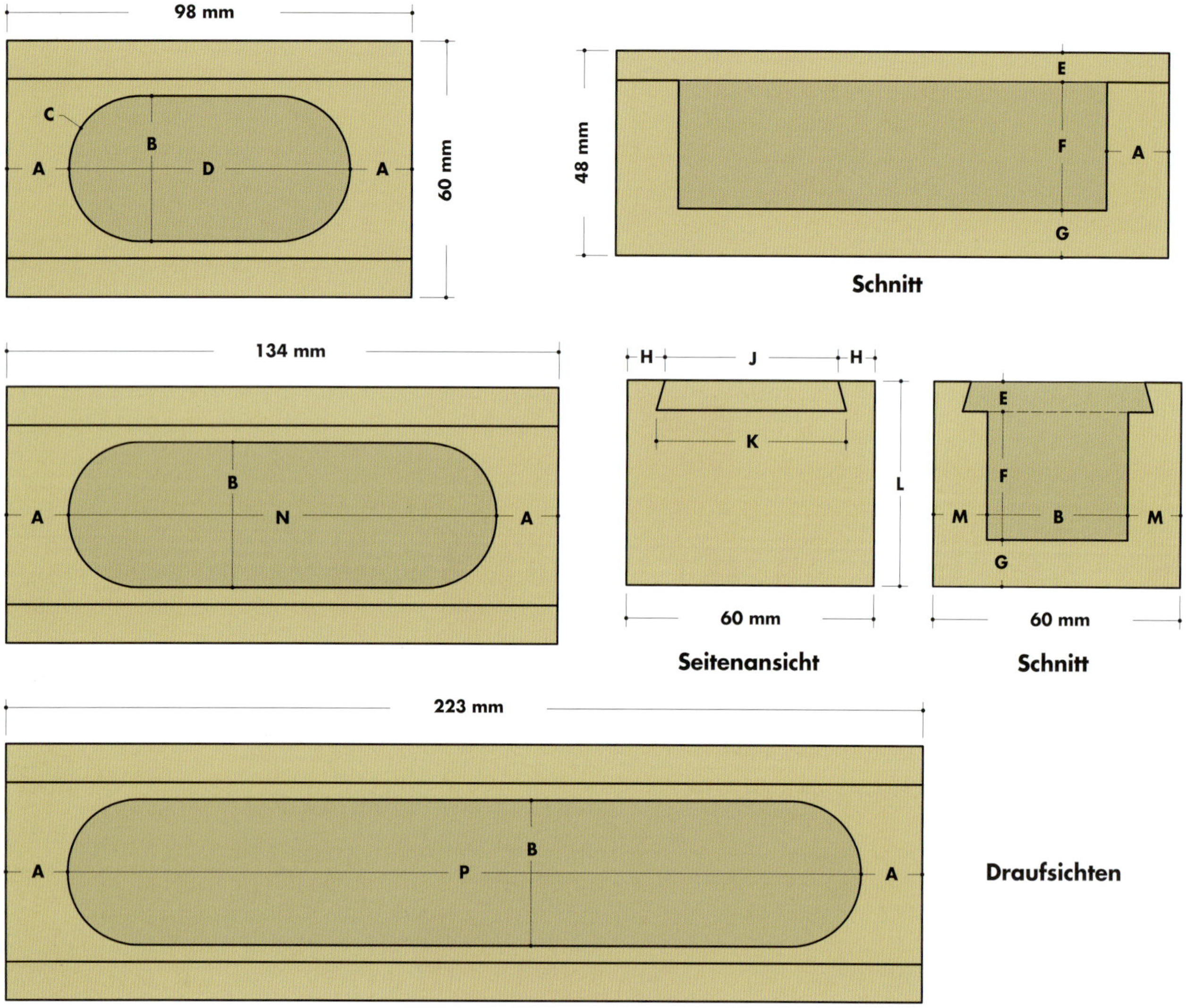

Maße

A = 15 mm
B = 34 mm
C = Ø 34 mm
D = 68 mm
E = 7 mm
F = 30 mm
G = 11 mm
H = 9 mm
J = 42 mm
K = 46 mm
L = 48 mm
M = 13 mm
N = 104 mm
P = 193 mm

SCHWALBENSCHWANZSCHACHTEL

1 Richten Sie Ihren Klotz rechtwinklig ab. Markieren Sie, wie er zusammengesetzt war, damit er später in der gleichen Richtung wieder zusammengebaut werden kann.

2 Reißen Sie an den Enden beider Teile und an der Oberkante des Schachtelkörpers eine Mittellinie an.

3 Bohren Sie mit einem großen Forstnerbohrer mehrere Sacklöcher, um die Schachtel auszuhöhlen. Wenn Ihr Klotz lang genug ist, können Sie mehrere Schachteln auf einmal herstellen. Bohren Sie genau auf der Mittellinie.

4 Glätten Sie die Innenseite der Wände zuerst mit einem Beitel und dann mit einer Raspel. Wenn die Schachtel nicht für einen bestimmten Zweck vorgesehen ist, müssen die Ecken nicht rechtwinklig sein.

5 Fräsen Sie an der Oberseite der Schachtel ausreichend Abfall weg, damit dort später der Schwalbenschwanz Platz findet.

6 Ebnen Sie die Oberfläche mit einem Simshobel, aber verwenden Sie kein Schleifpapier. Zum Abnehmen der Maße für die Schwalbenschwanzverbindung brauchen Sie scharfe Kanten.

7 Fräsen Sie in die Innenseiten der Außenwände entlang des Falzes ein Schwalbenschwanzprofil. Arbeiten Sie sich dabei vorsichtig bis zur endgültigen Schnitttiefe vor, damit der Falz ganz eben bleibt.

8 Spannen Sie den Deckel so auf die Oberseite des Schachtelkörpers, dass die Mittellinien auf einer Linie liegen. Reißen Sie von der breitesten Stelle der Schwalbenschwanznut bis zur Oberkante des Deckels eine senkrechte Linie an. Damit haben Sie die maximale Breite des Deckels.

9 Schneiden Sie den Deckel entsprechend zu, und fräsen Sie an eine Kante ein Schwalbenschwanzprofil. Arbeiten Sie sich auch hierbei vorsichtig vor, damit Sie nichts von der Breite wegnehmen. Bringen Sie vorsichtshalber an den Enden entsprechende Markierungen an, um nicht in der falschen Richtung zu fräsen.

10 An diesem Punkt ist die Passform optimal, wenn sich der Deckel oben gerade so einschieben lässt und er an der Unterkante etwas Spiel hat.

11 Wenn die Verbindung zu eng ist, hobeln Sie die Oberkante des Schachtelkörpers ab, bis der Deckel praktisch in den Falz fällt. Hier geht es um Bruchteile von Millimetern, also stellen Sie Ihren Hobel auf die kleinstmögliche Spanabnahme ein.

12 Schneiden Sie bei aufgesetzten Deckel die einzelnen Schachteln vom Block.

Die fertigen Schwalbenschwanzschachteln sehen ungefähr so aus.

JAPANISCHE ARBEITSBÖCKE

In fernöstlichen Kulturen sehen nicht nur die Werkzeuge zur Holzbearbeitung anders aus als im Westen, es wird auch anders gearbeitet. Das gilt besonders für Japan, wo traditionell sehr bodennah gearbeitet wird. Diese japanischen Arbeitsblöcke sind aus Ahorn-Reststücken und Leisten aus Sapelli-Mahagoni gefertigt. Auf den ersten Blick fragen Sie sich sicher, was Sie mit solch flachen Böcken anfangen sollen.

Auf der Baustelle jedoch können sie sich als nützlich erweisen, um im Handumdrehen aus einem Rest Weichholz eine Arbeitsplattform aufzubauen, und auch auf der Werkbank finden sie Verwendung: Sie können damit ein Werkstück zum Sägen höher legen, damit Sie sich nicht so weit herunterbeugen müssen. Die Teile sind nicht verleimt, dadurch lassen sich die Arbeitsböcke gut verstauen und transportieren.

Maße

A = 44 mm
B = 50 mm
C = 18 mm
D = 43 mm
E = 9 mm
F = 20 mm
G = 8 mm
H = 62 mm
J = 30 mm
K = 28 mm
L = 94 mm
M = 117 mm
N = 370 mm
P = 114 mm
Q = 70 mm

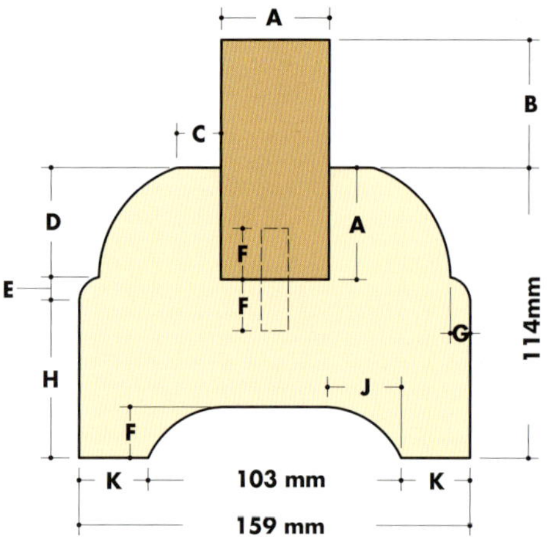

Vorderansicht

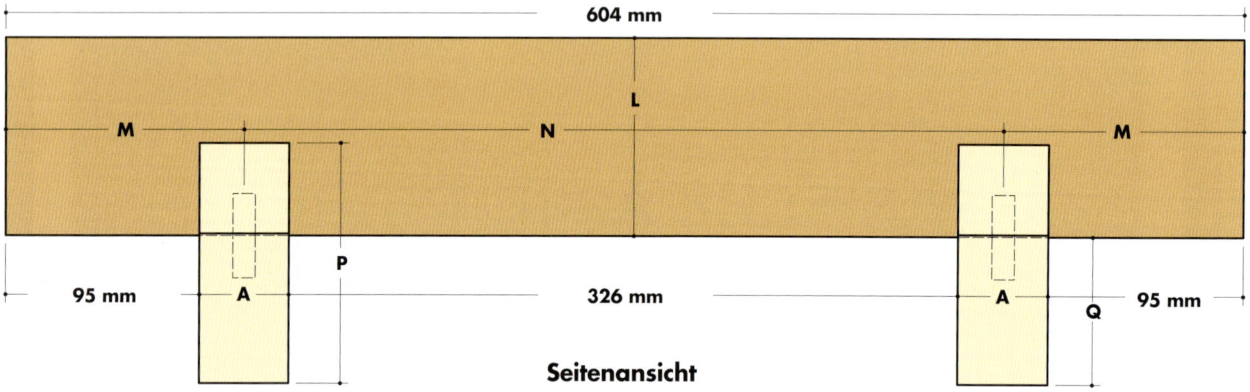

Seitenansicht

Explosionszeichnung

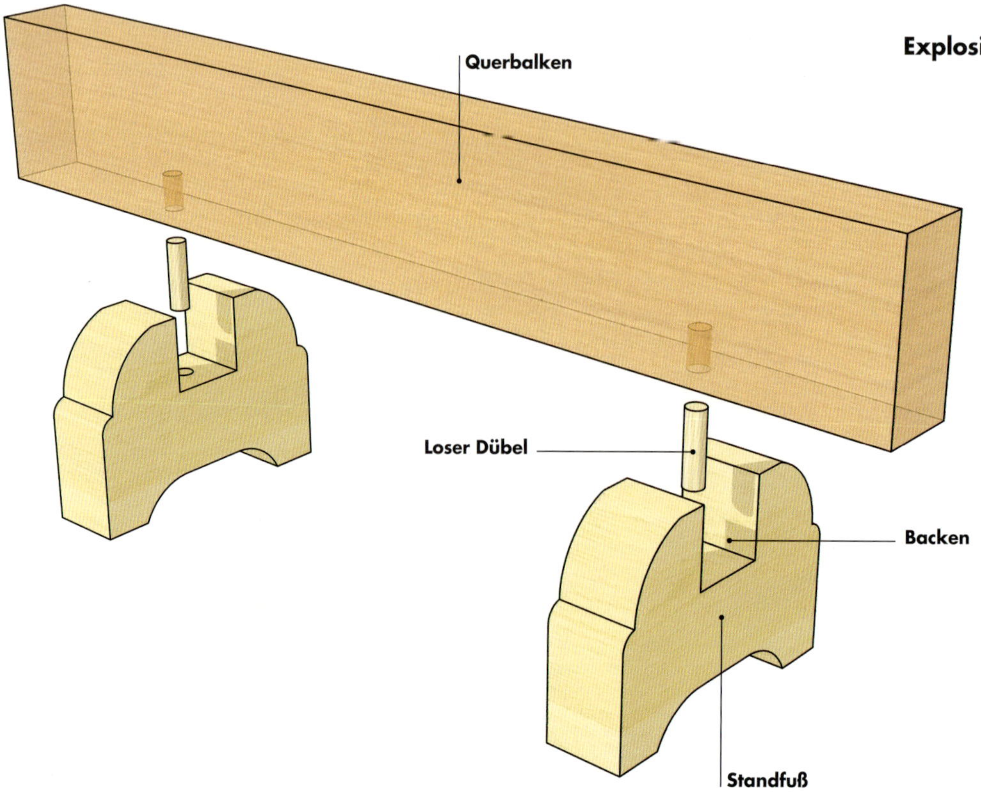

1 Zuerst zeichnen Sie die Form der Standfüße an. Das genaue Design ist nebensächlich, es muss nur symmetrisch sein.

2 Wählen Sie einen Bohrer entsprechend des Dübeldurchmessers aus, der lang genug ist, um von der Oberseite bis hinunter zwischen die Backen zu bohren. Die Bohrung muss exakt gerade nach unten verlaufen.

3 Schneiden Sie die Dübel zu, und setzen Sie sie bis zur Hälfte in die Löcher an der Oberseite ein.

4 Bohren Sie auch in die Balken entsprechende Löcher, setzen Sie diese Löcher auf die Dübel, und richten Sie die Balken im 90°-Winkel zur Oberseite des Standfußholzes aus.

5 Reißen Sie zu beiden Seiten des Balkens eine Linie an – an dieser Stelle müssen die Backen ausgeschnitten werden.

6 Wenn Sie eine Bandsäge zur Verfügung haben, lassen sich auch aufwendigere Designs leicht sägen. Beim Sagen enger Kurven bietet es sich zum Wohle des Sägeblatts an, einige Querschnitte bis zur Linie zu setzen, bevor Sie das Profil ausschneiden.

7 Die Backen lassen sich am besten mit einer Handsäge ausschneiden. Dafür wurden die Linien von der Oberseite auf die Vorderseite übertragen.

8 Schneiden Sie noch einige Male bis zur Grundlinie ein, und schlagen Sie den Abfall mit einem Beitel aus. Entfernen Sie dabei mit jedem Schlag nur wenig Material; so erzielen Sie bessere Ergebnisse. Arbeiten Sie zur Grundlinie hin von beiden Seiten, damit nicht zu viel ausbricht.

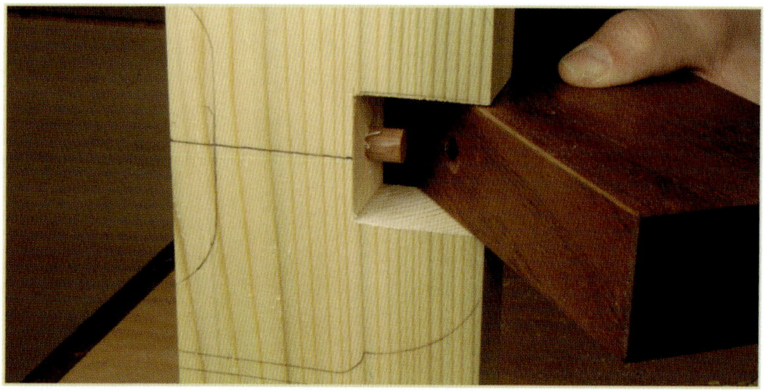

9 Der Balken soll nicht zwischen den Backen klemmen, sondern genau anliegen. Für Feinanpassungen eignet sich die Raspel.

10 Stecken Sie einen Dübel in das Loch, und testen Sie die Passung mit dem Balken.

11 Glätten Sie die konvexen Kanten mit der Raspel, und arbeiten Sie mit Schleifpapier nach.

12 Mit einer halbrunden Raspel können Sie die konkave Form an der Unterseite nacharbeiten.

Der fertige japanische Arbeitsbock sieht ungefähr so aus. Insgesamt benötigen Sie zwei Stück.

BRIEFSTÄNDER

Es ist immer günstig, wenn Sie sich beim Arbeiten an einer Mittellinie orientieren können. Die Mitte ist für Messungen immer ein sehr zuverlässiger und praktischer Bezugspunkt. Jedes Teil hat eine vertikale und eine horizontale Mitte. Diese kann Ihnen helfen, wiederholte Schneide-, Bohr- und Anreißvorgänge zu vereinheitlichen. Bei diesem Projekt kommt auch die vorne im Buch (siehe Seite 27) beschriebene Spannhilfe zum Einsatz.

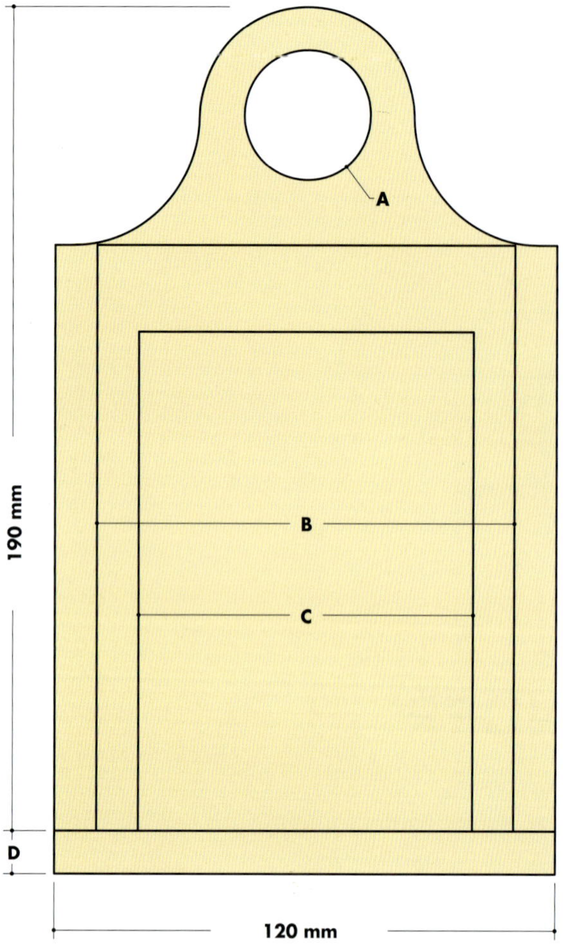

Vorderansicht

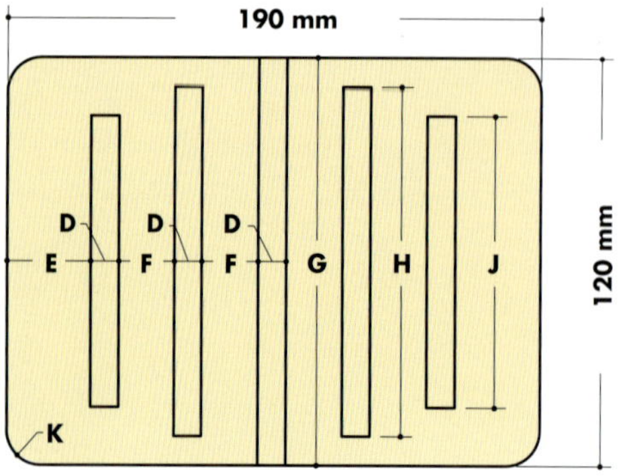

Draufsicht

Seitenansicht

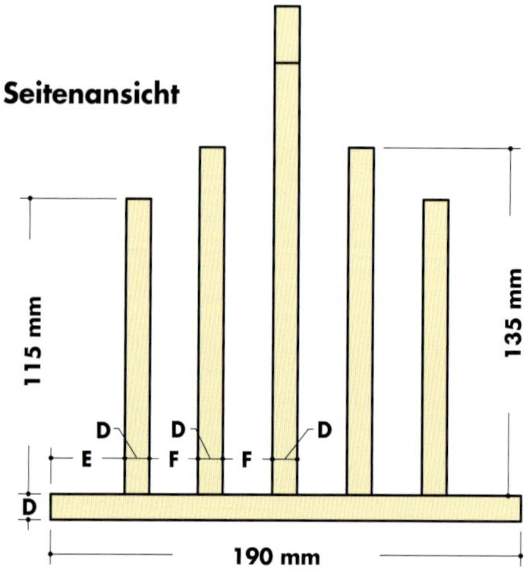

Maße

A = Ø 30 mm
B = 100 mm
C = 80 mm
D = 10 mm
E = 30 mm
F = 20 mm
G = 120 mm
H = 100 mm
J = 80 mm
K = R 12 mm

Explosionszeichnung

1 Reißen Sie an der Unterseite der Grundplatte Mittellinien für die Position der Trennbretter an – in diesem Fall mit 30 mm Abstand. Beginnen Sie dabei in der Mitte des Bretts. Um die Mitte zu ermitteln, verbinden Sie die gegenüberliegenden Ecken jeweils mit einer Linie.

2 Verlängern Sie die Querlinien mithilfe eines Anschlagswinkels bis über die Kanten, und nummerieren Sie alle Linien. Damit die angerissenen Linien auch bei einem längeren Bearbeitungsprozess gut auffindbar bleiben, können Sie sie mit einem Bleistift nachziehen.

3 Reißen Sie an der Unterseite eines der Trennbretter mit einem Streichmaß eine Linie an, die deutlich neben der Mitte liegt, und wiederholen Sie diese Markierung von der anderen Seite.

4 Nun sollte sich die Mitte recht einfach bestimmen lassen, indem Sie die Spitze des Streichmaßes nach Augenmaß genau zwischen diese beiden Linien setzen. Wenn Sie mit dem Streichmaß leicht auf die Werkbank klopfen, können Sie das Maß fein einstellen, ohne einen Maßstab verwenden zu müssen. Verlängern Sie die Markierung ein Stück in beide Richtungen.

5 Spannen Sie das erste Trennbrett (in diesem Fall das mittlere) fest und bündig zur Oberkante an eine Seite der Spannhilfe.

6 Legen Sie nun die Grundplatte mit der Oberseite nach unten so auf die Spannhilfe, dass sich die Linien an der Kante treffen, und spannen Sie sie fest. Nummerieren Sie die Linien und die zugehörigen Trennbretter.

7 Bohren Sie mit einem 2-mm-Bohrer durch die Mittellinie auf der Grundplatte in das Trennbrett. Die Zahlen müssen beim Spannen an die Spannhilfe alle in die gleiche Richtung zeigen – so müssen Sie die Bohrstellen nicht anzeichnen. Wiederholen Sie den Vorgang für alle Trennbretter, ohne dabei den Kanten zu nahe zu kommen. Danach erweitern Sie die Löcher in der Grundplatte auf den Durchmesser der Schrauben (hier 3 mm) und fräsen sie zum Versenken der Schrauben aus.

8 Tipp zum Anzeichnen der Form des mittleren Trennbretts: Teilen Sie die Breite durch 4. Stellen Sie einen Zirkel auf 30 mm ein, und übertragen Sie dieses Maß von der Mitte der Oberkante nach unten, um den Mittelpunkt des Halbkreises zu ermitteln. Ziehen Sie auf dieser Höhe eine Querlinie über das Brett, und zeichnen Sie die obere Rundung bis ganz kurz unter die Linie. Verringern Sie die Zirkeleinstellung um 1 mm, und vervollständigen Sie die Form zu beiden Seiten des Halbkreises. Korrigieren Sie, falls nötig, den Übergang per Hand.

9 Die Form kann mit der Bandsäge oder der Stichsäge ausgeschnitten werden. Schneiden Sie einige Male quer zu den Rundungen ein, wobei Sie kurz vor der Linie anhalten. Dadurch löst sich der Abfall leichter, und das Sägeblatt überhitzt nicht.

10 Das Glätten der Rundungen geht besonders leicht mit einem Spindelschleifer, aber ein um einen Rundstab gewickeltes Stück Schleifpapier funktioniert genauso gut. Zum Schluss bohren Sie mittig in die obere Rundung ein Loch mit 30 mm Durchmesser, das als Griff dient.

11 Jetzt, da alle Löcher gebohrt sind, können Sie die Trennbretter zuschneiden. Entfernen Sie dabei jeweils an beiden Seiten die gleiche Menge Material. Anschließend können Sie die Kanten abrunden, alle Teile glattschleifen und mit einem lebensmittelechten Öl wie z. B. Tungöl behandeln.

12 Achten Sie beim Zusammenbau darauf, dass die Zahlen auf den Trennbrettern richtig herum stehen und mit den Zahlen auf der Grundplatte übereinstimmen.

Der fertige Briefständer sieht ungefähr so aus.

KOCHBUCHHALTER

Dieser Kochbuchhalter kann auch als Ständer für Fotos dienen. Eine Problemstellung beim Fertigen von Gegenständen, die andere, schwerere Dinge stützen sollen, besteht darin, ausreichend stabile Verbindungen herzustellen, ohne zu viel Material verwenden zu müssen.

Bei diesem Projekt kommen zwei verschiedene Verbindungen zum Einsatz – eine traditionelle Verbindungstechnik sowie eine Variante einer typischen Zapfenverbindung, die hier mit einer Domino-Dübelfräse realisiert wird.
Stattdessen können Sie auch eine Flachdübelfräse, einen DuoDübler oder sogar normale Dübel verwenden. Das Fußgestell ist eine ganz simple Konstruktion, bei der jedoch sehr präzises Arbeiten gefragt ist.

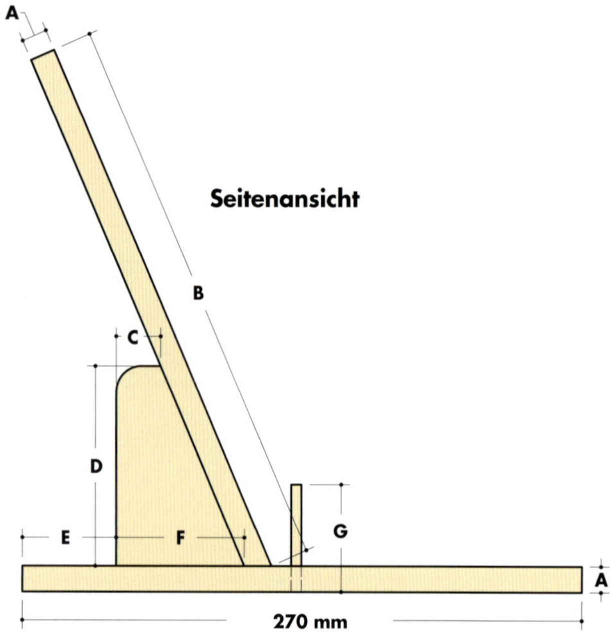

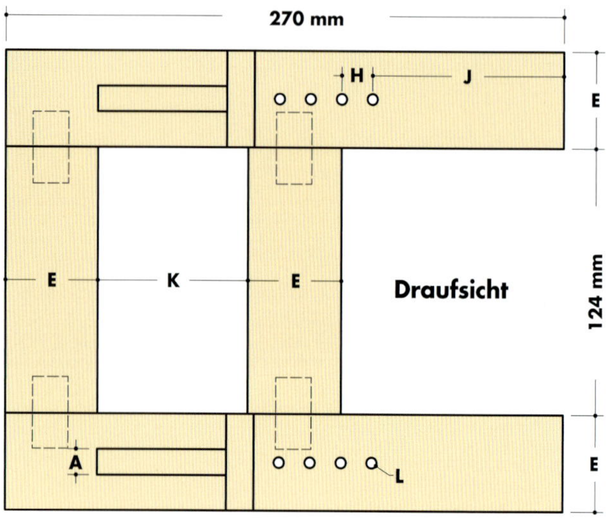

Maße

A = 12 mm
B = 262 mm
C = 21 mm
D = 93 mm
E = 45 mm
F = 62 mm
G = 50 mm
H = 15 mm
J = 93 mm
K = 72 mm
L = Ø 5 mm

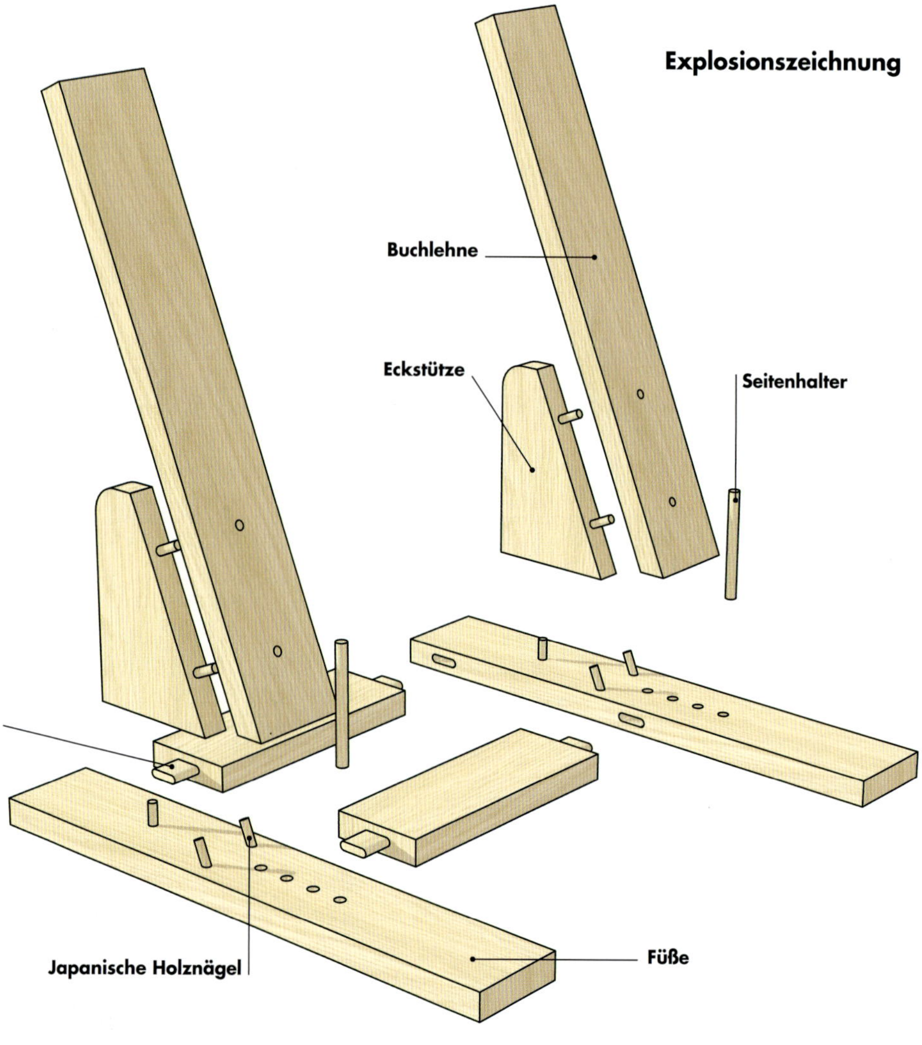

KOCHBUCHHALTER

1 Schneiden Sie die zwei Eckstützen grob zu, und kleben Sie sie mit doppelseitigem Klebeband so aneinander, dass die hinteren Kanten bündig sind.

2 Hobeln Sie im Schraubstock den Winkel. Das genaue Winkelmaß ist weniger wichtig, als dass die Teile genau identisch sind.

3 Nach dem Formen der Oberseite der Eckstützen reißen Sie eine rechtwinklige Linie für die Unterkante an.

4 Stellen Sie eine Schmiege auf diesen Winkel ein.

5 Übertragen Sie den Winkel auf das untere Ende der Buchlehnen.

6 Trennen Sie die Eckstützen wieder voneinander, und bringen Sie doppelseitiges Klebeband an der schrägen Kante an.

7 Zeichnen Sie jeweils an beiden Teilen Mittellinien an, und kleben Sie die Eckstützen in Position.

8 Diese japanischen Holznägel haben eine konische Form und erfordern einen ebenso konisch geformten Bohrer. Markieren Sie am Bohrer die Tiefe des Lochs mithilfe vom Kreppband.

9 Bohren Sie von vorn durch die Buchlehne bis zur erforderlichen Tiefe in die Eckstütze, und schneiden Sie dann die Buchlehne an der Linie schräg ab.

10 Trennen Sie die zwei Teile wieder voneinander, entfernen Sie das doppelseitige Klebeband, setzen Sie die Holznägel ein, und leimen Sie die Teile zusammen. Dank der Nägel hält diese Verbindung auch ohne Zwingen.

11 Wiederholen Sie diesen Vorgang, um die Buchlehnen zusammen mit den Eckstützen auf den Füßen zu befestigen. Zeichnen Sie zur Orientierung den Verlauf der Bohrung an, aber leimen Sie die Teile noch nicht zusammen.

12 Wenn die Lehnen an den Füßen befestigt sind, stellen Sie sie nebeneinander, um sie anschließend auf Länge zu schneiden.

13 Zeichnen Sie Mittellinien an den Enden der Leisten an, die die Füße miteinander verbinden werden.

14 Übertragen Sie diese Markierungen auf die Füße.

15 Die Domino-Maschine muss so eingestellt werden, dass das Loch in die Mitte der Leiste geschnitten wird.

16 Wenn die Leisten dafür zu dünn sind, legen Sie etwas unter, bis sich die Leiste auf der richtigen Höhe befindet.

17 Die Domino-Dübelfräse kann Löcher oder Schlitze schneiden, die breiter sind als der Zapfendübel. Dadurch erreichen Sie etwas Spiel für den Zusammenbau.

18 Fräsen Sie in die Füße und Querleisten alle benötigten Löcher für die Verbindungen.

19 Bohren Sie in die Füße vor die Buchlehnen die Löcher für die Stifte, die als Seitenhalter dienen, und leimen Sie die Dübelverbindungen zusammen.

20 Hobeln Sie alle Übergänge bündig ab, und befestigen Sie die Buchlehnen mit japanischen Holznägeln.

Der fertige Kochbuchhalter sieht ungefähr so aus.

VOGELHÄUSCHEN

Auf den ersten Blick scheint die Fertigung dieses Vogelhäuschens nicht weiter kompliziert. Das Dach hat jedoch einen etwas ungewöhnlichen Winkel von 80°, damit Sie üben können, eine nicht rechtwinklige Kante zu hobeln. Wenn Sie es einfacher haben möchten, verwenden Sie einen 90°-Winkel, und reißen Sie die Giebelkontur mit einem Gehrungswinkel an.

So simpel dieses Vogelhäuschen auch ist, wird es Ihnen im eigenen Garten doch jedes Jahr aufs Neue Freude bereiten. Die genauen Abmessungen sind hier ziemlich wichtig. Wenn Sie ein Häuschen für eine bestimmte Vogelart bauen möchten, erkundigen Sie sich bei einer Naturschutzorganisation vor Ort, welche Größe das Einstiegsloch haben sollte und wie weit es vom Boden des Häuschens entfernt sein muss.

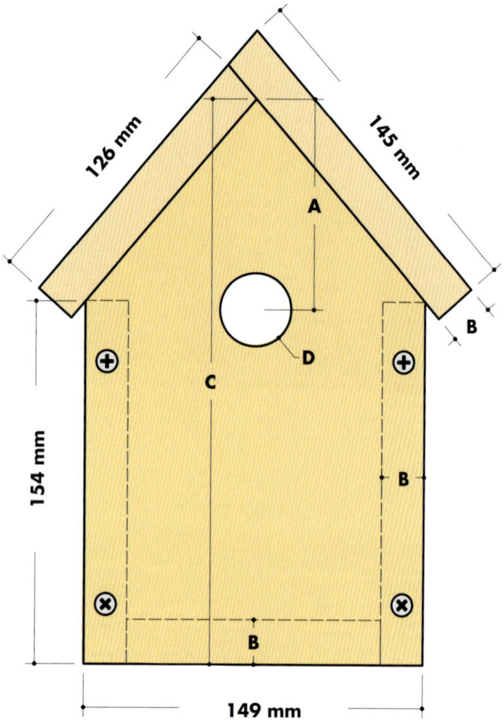

Vorderansicht

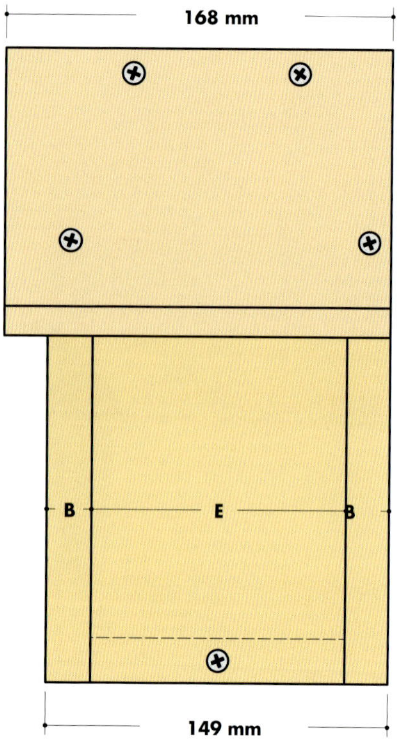

Seitenansicht

Maße

A = 90 mm
B = 19 mm
C = 240 mm
D = Ø 31 mm
E = 111 mm

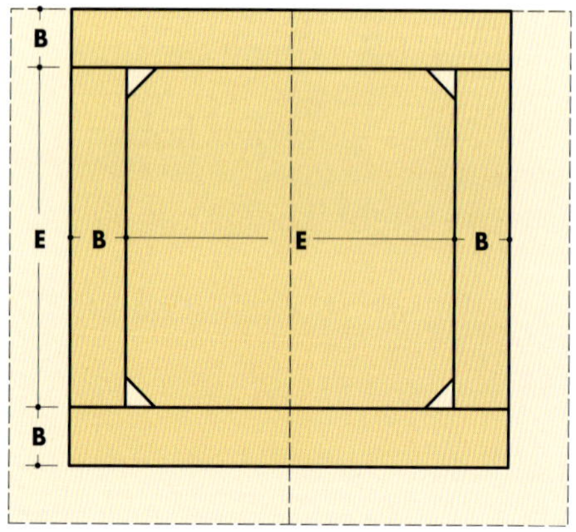

Draufsicht

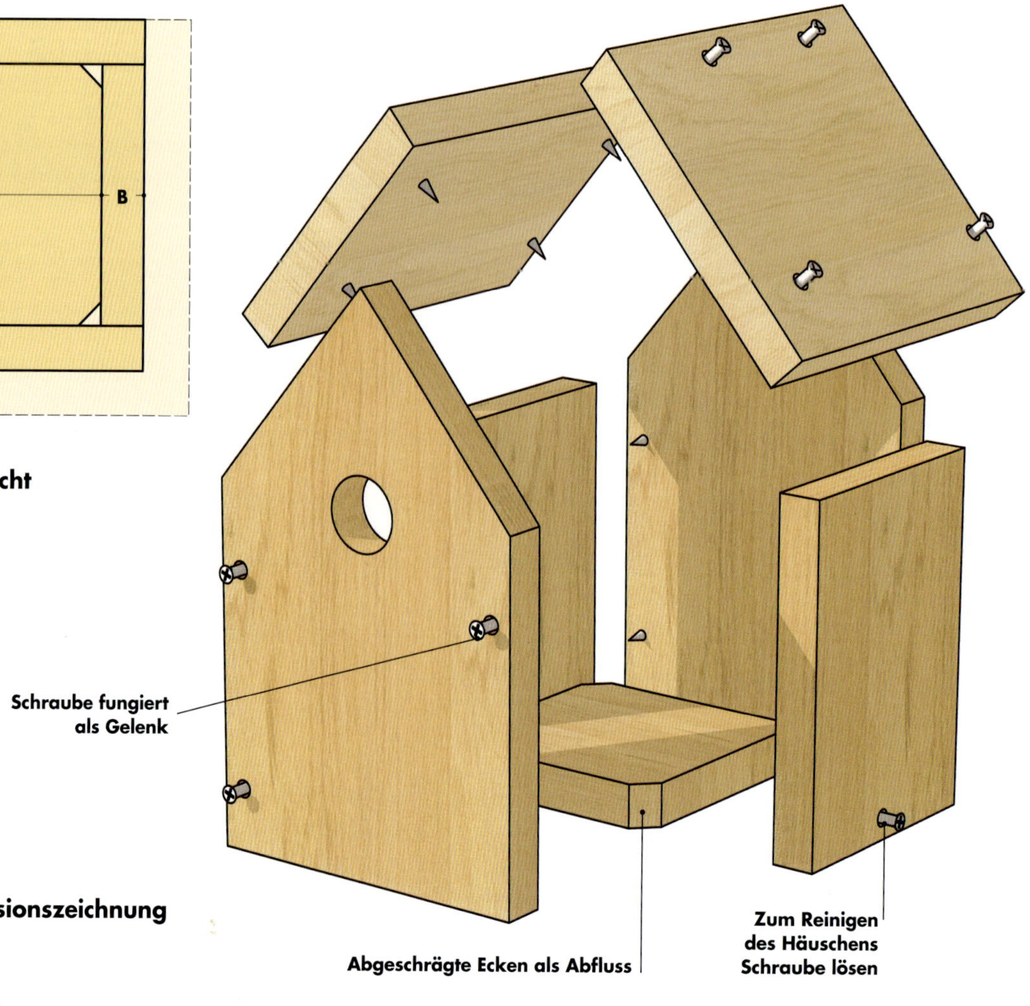

Explosionszeichnung

1 Zeichnen Sie auf Ihrem Reststück die Höhe der Giebelseiten an.

2 Stellen Sie die Schmiege auf 130° ein. Zeichnen Sie diagonale Linien von der Mitte des Bretts zu den Kanten ein – das ist der Dachgiebel.

3 Zeichnen Sie die Position des Einstiegslochs an.

4 Bohren Sie das Loch. Wenn Sie genügend Material vorrätig haben, macht es nicht viel mehr Arbeit, diese Häuschen paarweise zu fertigen; Sie können sogar eine Schablone für das nächste Mal anfertigen.

5 Spannen Sie das Brett mithilfe eines Winkels so in den Schraubstock, dass eine Dachlinie senkrecht steht.

6 Sägen Sie die Teile aus, wobei Sie das Brett nach jedem Schnitt drehen.

7 Zeichnen Sie auf einem zweiten Brett mit der Vorderseite als Schablone die Form der Rückwand an.

8 Schneiden Sie die Rückwand genauso wie die Vorderseite aus, und markieren Sie die gegenüberliegenden Seiten.

9 Spannen Sie die beiden Teile so zusammen in den Schraubstock, dass die Seiten- und Unterkanten bündig aneinander liegen. Hobeln Sie die schrägen Kanten, bis sie eben und beide Teile gleich groß sind.

10 Schneiden Sie die Seitenwände und den Boden zu, und schrägen Sie an der Bodenplatte die Ecken ab, damit ggf. eindringendes Wasser ablaufen kann.

11 Spannen Sie die Teile zusammen, und bohren Sie Löcher für die Schrauben.

12 Durch das Vorbohren sorgen Sie dafür, dass das Holz beim Zusammenschrauben nicht reißt.

13 Stellen Sie die Schmiege auf den Winkel des Giebels ein. Das sollten 80° sein, aber kleinere Abweichungen sind nicht weiter schlimm.

14 Schneiden Sie die Dachteile großzügig zu, und übertragen Sie den Winkel jeweils auf die Enden. Hobeln Sie die Kanten entsprechend ab, und prüfen Sie am Giebel, ob auch keine Lücke entsteht.

15 Schrauben Sie die Dachteile fest, und übertragen Sie die Länge der kürzeren Seite auf die gegenüberliegende Seite.

16 Zeichnen Sie ausgehend von diesem Punkt eine senkrechte Linie an die Kante, und schneiden Sie die überschüssige Länge ab.

Das fertige Vogelhäuschen sieht ungefähr so aus.

PFLANZKÜBEL

Wenn Sie für den Außenbereich bauen, achten Sie immer darauf, dass das Material dafür geeignet ist. Dieser Pflanzkübel ist aus Iroko-Holz gefertigt, das als Material für einen Terrassenbelag vorgesehen war. Es muss nur wenig behandelt werden und ist sehr witterungsbeständig.

Die Verbindungen bei diesem Projekt stellen technisch keine Herausforderung dar, doch für ein schönes Endergebnis ist eine präzise Auge-Hand-Koordination vonnöten. Ein Frästisch erleichtert hier das Arbeiten, ist aber nicht unbedingt notwendig.

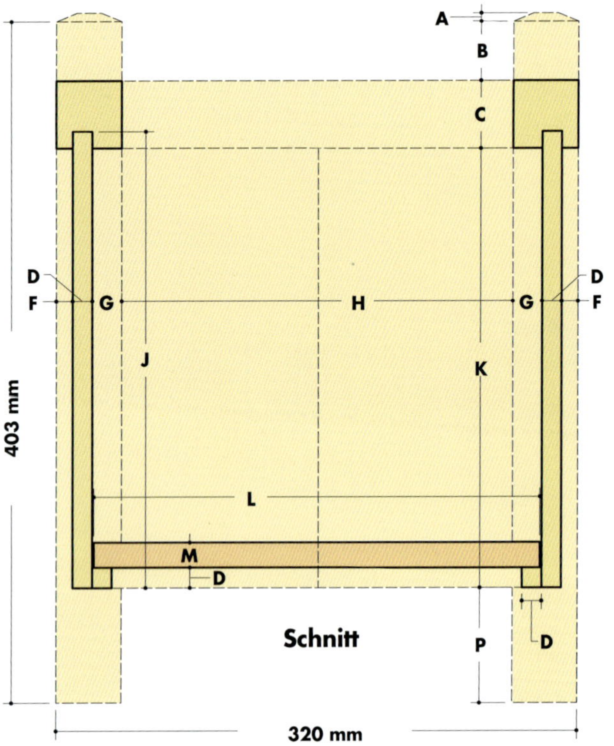

Schnitt

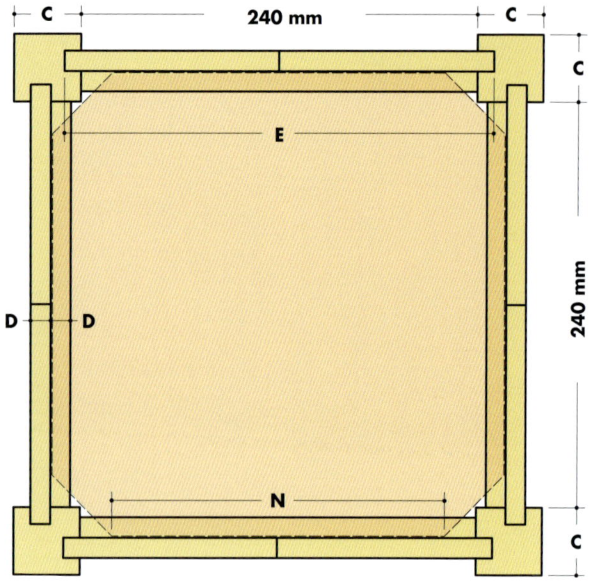

Draufsicht/Schnitt

Maße

A = 5 mm
B = 35 mm
C = 40 mm
D = 12 mm
E = 260 mm
F = 10 mm
G = 18 mm

H = 240 mm
J = 270 mm
K = 260 mm
L = 274 mm
M = 15 mm
N = 202 mm
P = 68 mm

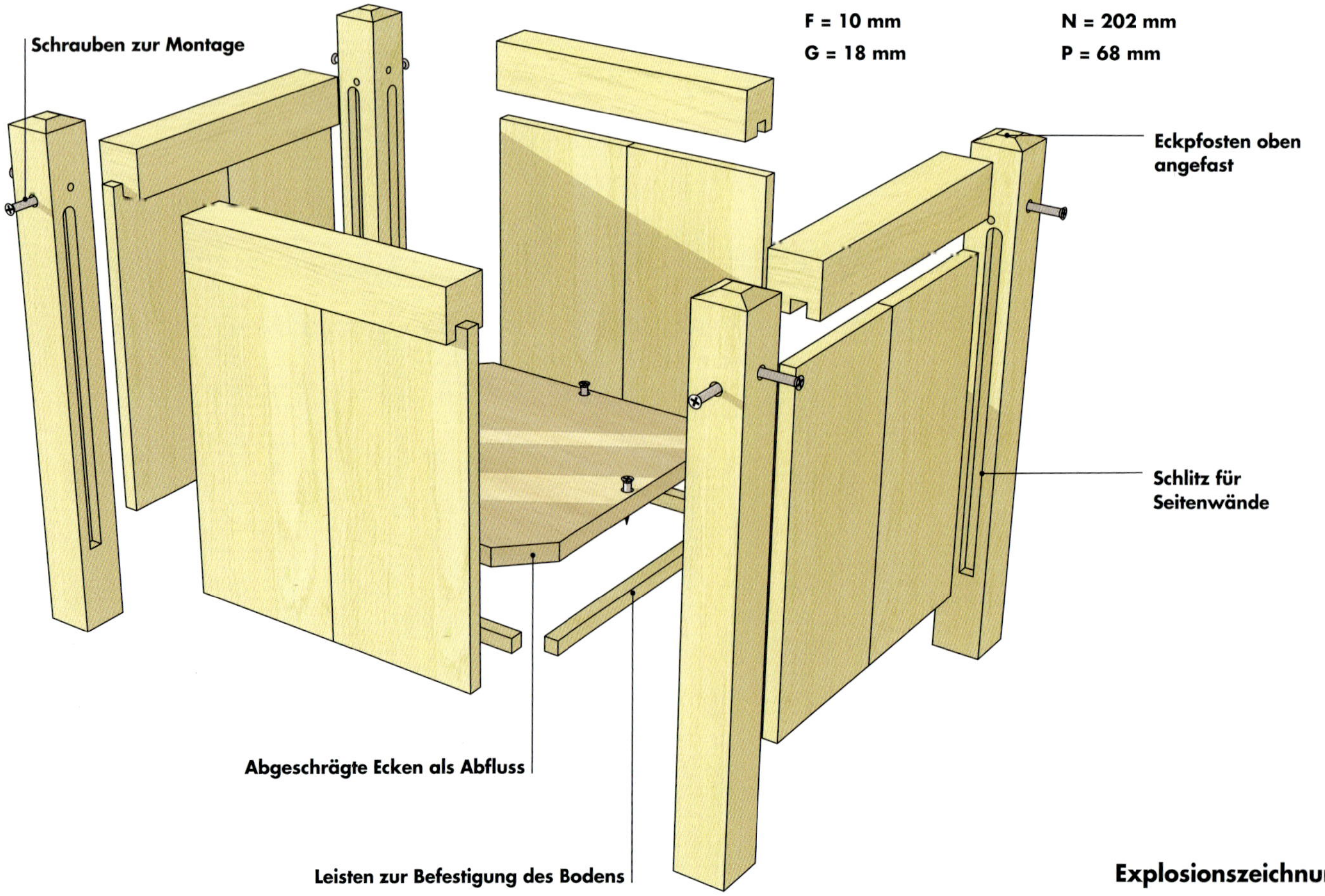

Explosionszeichnun

1 Zeichnen Sie zuerst an der Kante die Position der Nuten für die Seitenwände an. Da die Nuten in die zwei Innenseiten gefräst werden, sollten Sie sie abseits der Mittellinie positionieren. Die X-Form zeigt, wie die Nut im Pfosten positioniert ist.

2 Verwenden Sie einen 12-mm-Fräser entsprechend der Stärke der Seitenwände. Nehmen Sie den Abstand von der Fräserspitze bis zur Außenkante der Laufsohle mithilfe eines Winkels ab.

3 Verwenden Sie dieses Maß, um eine Markierung für einen Fräsanschlag anzubringen. Wenn Ihr Material es zulässt, fräsen Sie die Teile paarweise.

4 Bringen Sie mit einem Beitel eine deutliche Markierung über den zwei Pfosten an, damit diese wieder richtig ausgerichtet werden können, wenn sie zum Fräsen der zweiten Seite um 90° gedreht werden.

5 Legen Sie die Pfosten so aneinander, dass die Beitelkerben aneinander liegen. Die mit einem X gekennzeichneten Linien sind die Stopplinien; die zweite Reihe Nuten muss nicht angerissen werden.

6 Begradigen Sie die unteren Enden der Nuten, denn hier wird keine Blende auf die Seitenwände aufgesetzt, die die Nutenenden versteckt.

7 Spannen Sie den gesamten Korpus mit eingesetzten Seitenwänden zusammen, und reißen Sie die Position der Schrauben an. Achten Sie darauf, nicht in die Nuten oder Seitenwände zu schrauben.

8 Markieren Sie die Tiefe des Schraublochs in den Eckpfosten mit einem Stück Kreppband.

10 Schrauben Sie an der Innenseite der Seitenwände je eine Leiste an die untere Kante zwischen den Eckpfosten.

9 Da Sie nah an der Kante bohren und mit Hartholz arbeiten, führen Sie zunächst ein paar Tests durch, um die richtige Bohrergröße für das Vorbohren zu ermitteln.

11 Bevor Sie den Korpus zusammenbauen, bringen Sie die Markierungen für die Fasen am oberen Ende der vier Eckpfosten an. Verwenden Sie ein Streichmaß, um ein gleichmäßiges Muster anzureißen.

12 Stellen Sie die Schmiege auf 20° ein, und reißen Sie die Fase an allen Ecken der Pfosten an.

13 Mit einer eng an der Linie entlanggeführten Säge sollten Sie den meisten Abfall entfernen können.

14 Für die Feinbearbeitung eignet sich ein Einhandhobel. Es kann dabei hilfreich sein, zwei Pfosten im Schraubstock zusammenzuspannen.

15 Fräsen Sie die Schraublöcher zum Versenken aus, und schrauben Sie den Korpus zusammen.

16 Schneiden Sie ein Stück Bootsbausperrholz so zurecht, dass es sich unten in den Pflanzkübel einsetzen lässt, und schrägen Sie die Ecken ab. Schrauben Sie den Boden an die vier Leisten an der Unterkante der Seitenwände.

Der fertige Pflanzkübel sieht ungefähr so aus.

WERKZEUGKISTE

Diese nostalgische Werkzeugkiste lässt wahrscheinlich das Herz jedes Holzwerkers höher schlagen, auch wenn es heutzutage praktischere Möglichkeiten für die Aufbewahrung und den Transport von Werkzeugen gibt. Vielleicht möchten Sie eine solche Kiste ja für Ihre Kinder oder als Geschenk herstellen.

Einem solch einfachen Gegenstand steht ein aufwendiges Design besonders gut: Wir haben hier Schwalbenschwanzzinkungen und eine Griffstange mit Gewinde – auch wenn diese Elemente für die Zweckmäßigkeit eigentlich nicht nötig wären. Das Herstellen einer Schwalbenschwanzzinkung wird bei diesem Projekt nicht bis ins kleinste Detail beschrieben, da es dafür anderswo schon zahlreiche gute Quellen gibt.

Maße

A = 12 mm
B = Ø 15mm
C = 362 mm
D = Ø 76 mm
E = 38 mm
F = Ø 25 mm
G = 140 mm
H = 9 mm
J = 114 mm
K = 52 mm
L = 25 mm
M = 4 mm

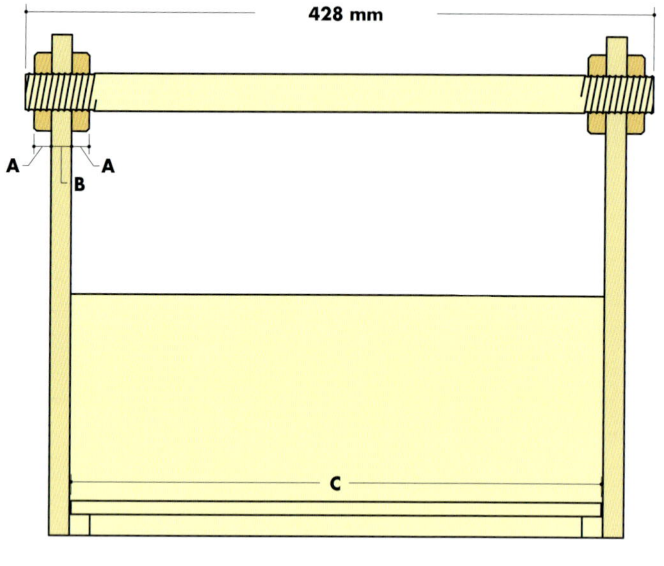

Schnitt

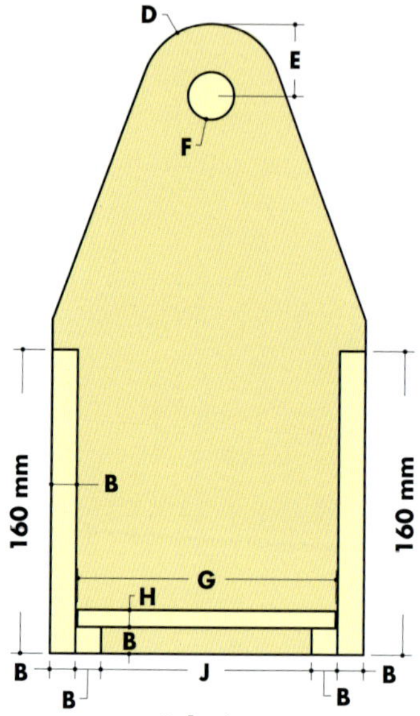

Schnitt

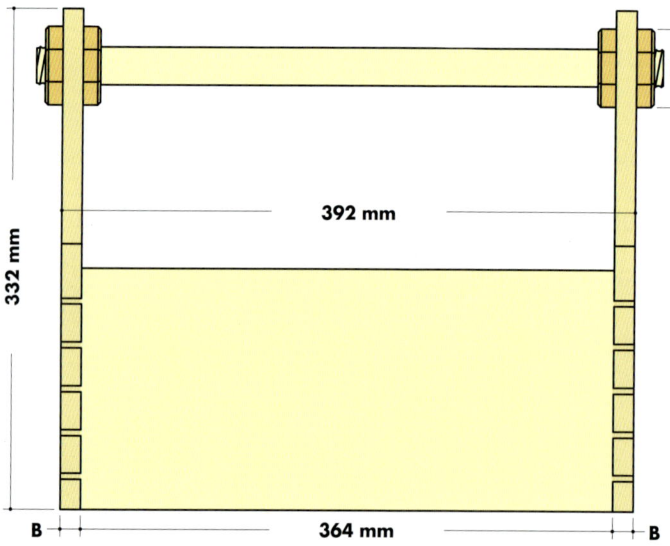

Seitenansicht

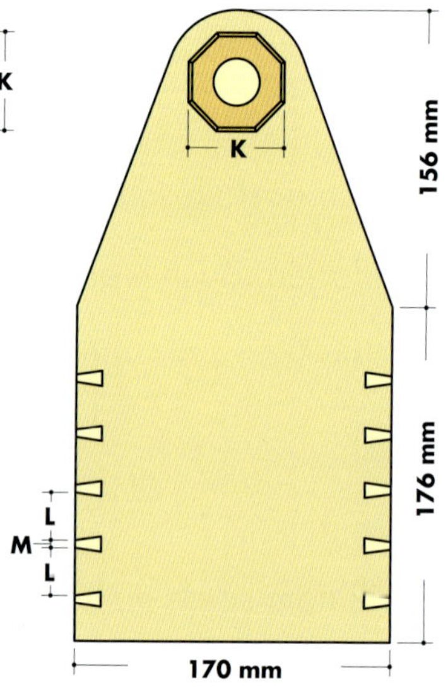

Vorderansicht

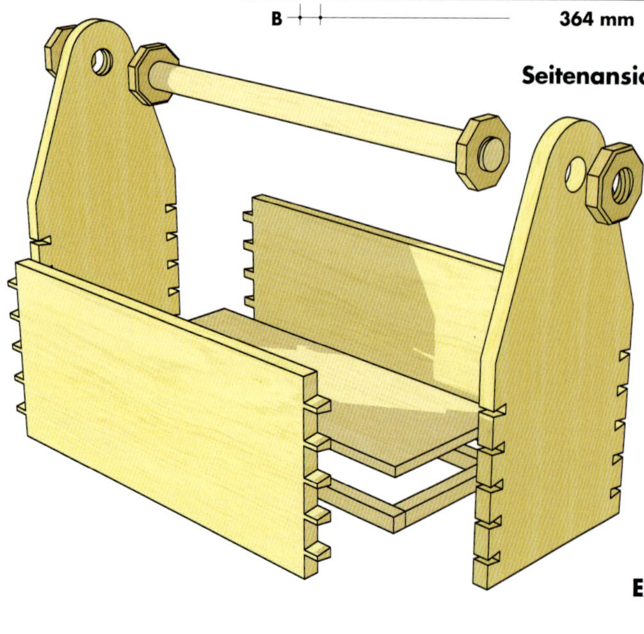

Explosionszeichnung

1 Schneiden und formen Sie zuerst die Stirnseiten aus, und befestigen Sie entlang der Kanten doppelseitiges Klebeband.

2 Schneiden Sie die zweite Stirnseite etwas größer zu, und befestigen Sie sie auf der ersten Stirnseite, auf dem die spätere Position der Griffstange angezeichnet ist.

3 Verwenden Sie einen Bündigfräser mit Anlaufring oben, um das zweite Teil auf die gleiche Größe zu fräsen. Bohren Sie ein Loch entsprechend dem Durchmesser der Griffstange.

4 Nehmen Sie die Stärke der Seitenteile mit einem Streichmaß ab.

5 Übertragen Sie dieses Maß auf die geraden Seitenkanten der Stirnseiten, um eine Grundlinie für die Zinken anzureißen.

6 Zeichnen Sie an einer Kante die Mittellinien für eine Reihe Schwalbenschwänze an.

7 Übertragen Sie diese Markierungen mithilfe eines Winkels auf die gegenüberliegende Seite, und verlängern Sie sie auf die Seitenfläche.

8 Die zwei Stirnseiten sind noch immer verbunden. Setzen Sie die schräg nach unten verlaufenden Schnitte für die Schwalbenschwänze. Sie können von beiden Seiten aus arbeiten, solange Sie nicht über die Grundlinie hinaus sägen.

9 Den Abfall zwischen den Schwalbenschwänzen entfernen Sie mit einer Laubsäge. Sägen Sie dabei ein Stück über der Linie, der Rest wird anschließend mit einem scharfen Beitel ausgestemmt.

10 Zum Schluss stemmen Sie den restlichen Abfall bis zur Grundlinie mit einem Beitel aus.

11 Trennen Sie die Stirnseiten voneinander. Mit Ihrer Spannhilfe (siehe Seite 27) spannen Sie die Stirnseiten und die Seitenwände zusammen, um die Zinken anzureißen. Markieren Sie dabei auch gleich, in welcher Richtung die Teile zusammengehören.

12 Markieren Sie vor dem Sägen, was Abfall ist, damit Sie nicht das Falsche wegschneiden.

13 Entfernen Sie den Abfall zwischen den Zinken mit der Laubsäge, wobei Sie auch hier wieder etwas Material über der Grundlinie stehen lassen.

14 Glätten Sie die Zinken und die Grundlinie mit einem Beitel, wobei Sie in waagerechter Richtung arbeiten. Da die Faserrichtung der Stirnseiten senkrecht zu der der Seitenteile verläuft, sollten Sie keine Presspassung anstreben.

15 Zeichnen Sie auf einem Rest Hartholz ein Quadrat an, dessen Mitte Sie mit zwei überkreuzten Linien ermitteln.

16 Stellen Sie den Zirkel auf die halbe Breite des Quadrats ein, und reißen Sie auf den Diagonalen Bögen an.

17 Zeichnen Sie mithilfe eines Gehrungswinkels jeweils eine 45°-Linie durch den Kreuzungspunkt der Diagonalen und der Bögen. Dabei entsteht ein Achteck.

18 Zum Herstellen der Gewinde bietet sich ein Gewindeschneidsatz an, mit dem sowohl das Innen- als auch das Außengewinde geschnitten werden kann. Schneiden Sie zunächst das Innengewinde der Mutter.

19 Schneiden Sie mit dem zugehörigen Außengewindeschneider an beiden Enden der Griffstange ein Gewinde, das bis ins Innere der Werkzeugkiste reicht.

20 Schneiden und formen Sie die Muttern aus, und schrauben Sie eine an jedes Ende der Griffstange.

21 Leimen Sie die Kiste mit eingesetzter Griffstange zusammen.

22 Spannen Sie zum Druckausgleich Leisten mit Aussparungen auf Höhe der Zinken zwischen Werkzeugkiste und Zwingen.

23 Leimen Sie die Leisten innen an die Unterkante der Kiste, und spannen Sie diese fest, um eine Auflage für das Bodenbrett zu schaffen.

24 Passen Sie die Muttern so an, dass die Griffstange fest zwischen den Stirnseiten sitzt, und legen Sie ein großes Bodenbrett in die Kiste.

Die fertige Werkzeugkiste sieht ungefähr so aus.

SCHREIBTISCHLAMPE

Die Filmemacher von Pixar haben der Schreibtischlampe im Anglepoise-Stil mit ihrem skelettartigen Erscheinungsbild eine ganz eigene Persönlichkeit verliehen. Genau wie bei einem Skelett sind hier alle Gelenke sichtbar. Wenn Sie schon viele der Projekte in diesem Buch fertiggestellt haben, sollte Ihnen diese Lampe keine größeren Schwierigkeiten bereiten.

Für den Einbau der elektrischen Teile holen Sie sich bitte fachlichen Rat.

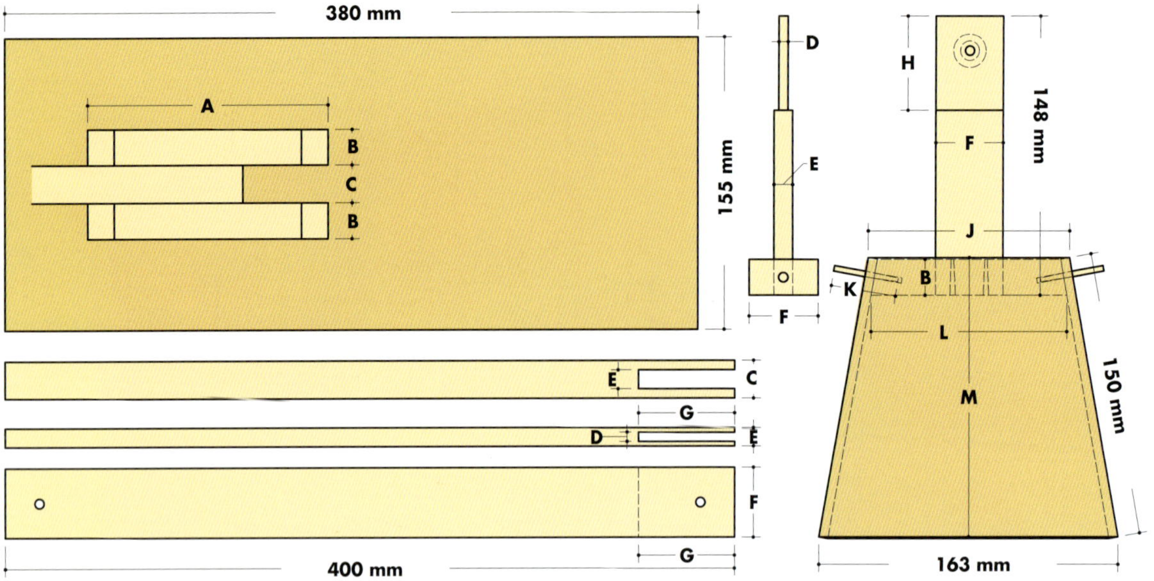

Aufbau

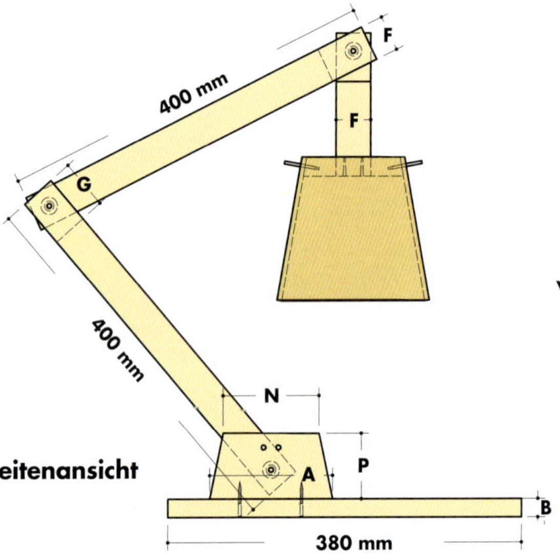

Seitenansicht

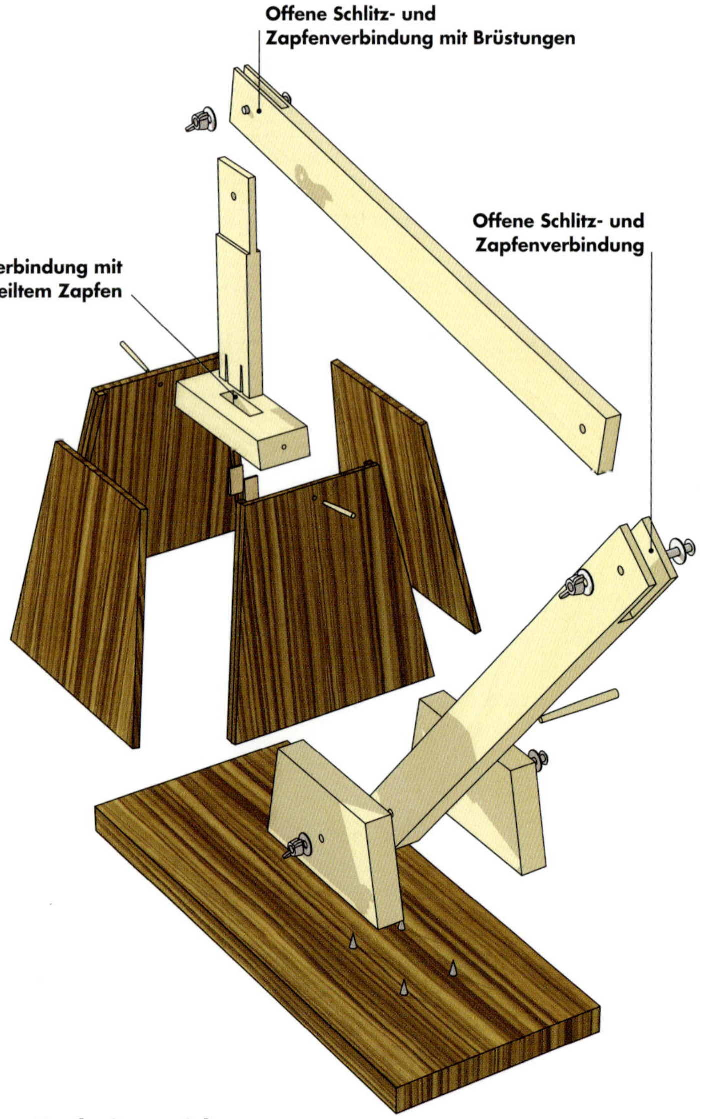

Explosionszeichnung

Maße

A = 132 mm	H = 50 mm
B = 19 mm	J = 110 mm
C = 20 mm	K = 35 mm
D = 5 mm	L = 107 mm
E = 10 mm	M = 148 mm
F = 37 mm	N = 103 mm
G = 52 mm	P = 68 mm

SCHREIBTISCHLAMPE

1 Die erste Verbindung, die Sie schneiden müssen, ist eine der beiden offenen Schlitz- und Zapfenverbindungen, mit denen die Armteile verbunden werden. Beginnen Sie mit der größeren. Schneiden Sie den offenen Schlitz im ersten Glied so breit, wie das mittlere Glied stark ist.

2 Bohren Sie ein Loch am unteren Ende des Schlitzes, und schlagen Sie den Abfall mit einem Beitel aus. Arbeiten Sie 2 mm von der Grundlinie und den Seiten entfernt, bevor Sie die Verbindung fertigstellen.

3 Der Schlitz muss das Gegenstück exakt umschließen. Bei Bedarf können Sie das mittlere Glied nach dem Schneiden des Schlitzes dickenhobeln.

4 Für die zweite offene Schlitz- und Zapfenverbindung müssen Sie beide Teile bearbeiten, den offenen Schlitz und den Zapfen. Dritteln Sie an einem Ende des letzten Glieds die Stärke der Leiste mit einem Streichmaß. Der mittlere Bereich wird der Zapfen.

5 Schneiden Sie zuerst die Brüstungsflächen bis eine Sägeblattstärke vor der Linie.

6 Schneiden Sie die Seitenflächen des Zapfens bis hinunter zur Brüstung; dabei sollte sich der Abfall lösen. Es ist empfehlenswert, den Zapfen etwas dicker als notwendig zu schneiden.

7 Hobeln Sie mit einem Simshobel die beiden Seitenflächen des Zapfens gerade, wobei Sie sich zur Linie vorarbeiten.

8 Reißen Sie mithilfe des Zapfens die Linien für den zweiten offenen Schlitz an einem Ende des mittleren Glieds an. Entfernen Sie den Abfall mit einer Laubsäge. Sie können Schleifpapier um das Abfallstück legen, um den Boden des Schlitzes zu glätten. Achten Sie jedoch darauf, dass die Innenseiten des Schlitzes dabei nicht abgerundet werden.

9 Das letzte Glied des Arms wird mit einem Block verbunden, an dem später der Lampenschirm befestigt wird. Übertragen Sie den Umriss des letzten Glieds auf den Block. Der Schlitz wird an dieser Stelle ganz durch das Material gehen. Den meisten Abfall entfernen Sie mit einem Bohrer, der Rest wird mit dem Beitel ausgestemmt.

10 Dieser Zapfen hat keine Brüstung, deswegen muss er sehr eng sitzen. Wenn das erreicht ist, hobeln Sie von beiden Seiten des Zapfens ein paar Späne ab, bis beidseitig eine Lücke von ca. 1 mm entsteht.

11 Zeichnen Sie 5 mm über der Höhe, wo die Brüstung sitzen würde, eine Linie an, und bohren Sie zwei 3-mm-Löcher im gleichen Abstand von den Kanten.

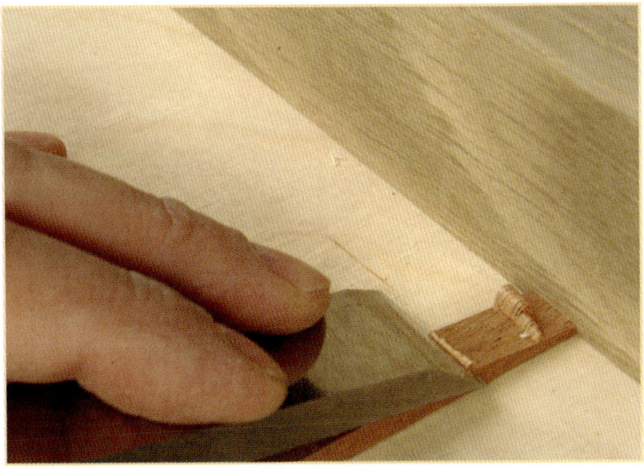

12 Schneiden Sie mit der Säge von der Stirnseite des Zapfens gerade hinunter bis zu den Löchern. Stellen Sie mit einem Beitel zwei Keile her, die sich ohne Gewaltanwendung bis zu etwa einem Drittel in den Sägeschlitz stecken lassen. Schneiden Sie den Block mit den 10°-Schrägungen an den Enden zu.

13 Befestigen Sie den Block am letzten Armglied, indem Sie die Keile abwechselnd in die Sägeschlitze schlagen, bis die Verbindung gut hält. Dabei hilft es, den Zapfen rechtwinklig zusammen mit einer Leiste, die die erforderliche Höhe vorgibt, in einen Schraubstock zu spannen.

14 Reißen Sie Mittellinien an allen vier Seiten des Blocks und an zwei der Lampenschirmteile an. Richten Sie die Markierungen aneinander aus, und übertragen Sie den Winkel des Blocks auf den Schirm. Verlängern Sie die Linien mit einer Schmiege, und schneiden Sie dann beide Teile identisch zu.

15 Spannen Sie die zwei Schirmteile ohne Leim an die abgeschrägten Enden des Blocks, wobei sich die Mittellinien treffen.

16 Setzen Sie das Werkstück auf einer flachen Oberfläche auf, legen Sie die anderen zwei Schirmteile an die schrägen Seiten, und übertragen Sie die entsprechenden Winkel. Schneiden Sie die zwei letzten Teile dann mit etwas Übergröße zu.

17 Nun kann der Lampenschirm zusammengeleimt und mit Kreppband zusammengehalten werden. Eckleisten, die über die ganze Länge angeleimt werden, verstärken die Verbindung.

18 Ermitteln Sie die Position der Schrauben, indem Sie die Außen- bzw. die Oberkante der Armglieder bündig ausrichten und ein Quadrat anzeichnen. Der tiefe Schlitz der Zapfenverbindung sorgt für mehr Bewegungsfreiheit des Arms in beide Richtungen.

19 Schneiden Sie die 10°-Schrägungen an den Enden der Blöcke, die den kompletten Arm auf der Grundplatte fixieren. Heben Sie einen der Abschnitte auf.

20 Platzieren Sie den Abschnitt zwischen Anschlag und Werkstück auf der Stoßlade, um den 10°-Winkel zu kopieren.

21 Zeichnen Sie die Position des Schraubenlochs an einem der Befestigungsblöcke an. Beachten Sie dabei, dass sich der Arm nach vorn und hinten bewegen können muss. Welchen Bewegungsradius Sie dafür einplanen müssen, können Sie ermitteln, indem Sie einen Zirkel auf den Abstand zwischen dem Mittelpunkt des Quadrats und der Ecke einstellen.

22 Als Sicherheitsvorkehrung können Sie zwei Löcher durch einen der Befestigungsblöcke und in den Arm bohren. In diese kann dann ein Dübel oder ein konisch geformter Holznagel eingesetzt werden.

23 Schrauben Sie den Arm und die Befestigungsblöcke zusammen, und schrauben Sie die Grundplatte fest. Leimen Sie die Blöcke erst dann fest, wenn Sie sich sicher sind, dass die Grundplatte groß genug ist, damit die Lampe mit installierter Elektrik nicht umkippt.

24 Wenn alle Teile des Lampenschirms bündig sind, befestigen Sie den Schirm mit konisch geformten Holznägeln oder Dübeln am Arm. Auch hier sollten Sie erst dann leimen, wenn die Elektrik installiert ist.

Die fertige Schreibtischlampe sieht ungefähr so aus.

GLOSSAR

Ablängen Senkrecht zur Faserrichtung im Holz sägen, wobei die Länge des Bretts reduziert wird (Querschnitt).

Abziehen Feinschliff einer Klinge mit einem Abziehstein nach dem Schleifen.

Anreißen Eine Linie einritzen oder anzeichnen.

Anschlag Wird bei der Arbeit mit Elektrowerkzeugen oder Maschinen eingesetzt, um das Werkstück in einem exakten Winkel zum Fräser, zum Sägeblatt oder zur Klinge zu positionieren.

Bandsäge Stationäre Maschine für die Werkstatt mit einem zu einem geschlossenen Ring verschweißten Sägeblatt, das über zwei oder drei Führungen und durch einen Metalltisch läuft. Kann zum Schneiden von geschwungenen Linien, für Verbindungen und zum Zuschneiden kleinerer Stücke Holz oder Furnier verwendet werden.

Bandspanner Wird zum Spannen unregelmäßiger Formen verwendet. Das Band wird mit einer Ratsche festgezogen.

Bankhobel Ein Flächenhobel mit meist zwei Griffen in den Größen No. 4 bis 6. Erhältlich in verschiedenen Längen und Breiten. Kann zum Begradigen, Abrichten und Glätten von Holz verwendet werden.

Draufsicht Zeichnung eines Objekts, wie es von oben betrachtet aussieht.

Dübel Kurzes zylinderförmiges Stück Holz, vorgefertigt oder von einem Rundstab geschnitten.

Einhandhobel Kleiner Hobel mit kleinem Schnittwinkel für die Arbeit an Hirnholz und kleinen Teilen. Wird auch als Hirnholzhobel bezeichnet.

Falz Eine Stufe an der Kante eines Werkstücks. Wird oft hergestellt, um ein Werkstück mit einem gegengleich geformten Teil zusammenzufügen.

Fase Abgeschrägte Fläche, z. B. an einer Klinge oder einer Werkstückkante. Wird oft zur Dekoration eingesetzt.

Flachdübel Oval geformter, flacher Dübel aus Pressholz zur Herstellung von Holzverbindungen mit einer Flachdübelfräse. Wenn zusätzlich ein wasserbasierter Leim wie z. B. Weißleim verwendet wird, quillt der Dübel, und die Verbindung wird sehr stabil. Erhältlich in unterschiedlichen Größen für unterschiedliche Brettstärken.

Fräser mit Anlaufring Fräseinsatz für die Oberfräse mit eingebautem Kugellager, das am Werkstück oder an einer Schablone entlangläuft, um eine gleichmäßige Tiefe oder ein bestimmtes Profil zu fräsen.

Führungsschiene Metallschiene zur Verwendung mit Elektrowerkzeugen wie Oberfräsen und Kreissägen, mit der sich diese gerade über ein Werkstück führen lassen.

Gehrungsanschlag Schiebeanschlag an einem Frästisch oder einer Tischsäge, der für rechtwinkliges oder abgewinkeltes Ablängen verwendet wird.

Hartholz Holz von laubabwerfenden Baumarten wie Eiche oder Esche. Nicht immer hart im Wortsinn – Balsaholz z. B. zählt zwar zu den Harthölzern, lässt sich aber leicht bearbeiten.

Hirnholz Querschnitt am Ende eines Bretts.

Klüpfel Hammerähnliches Werkzeug mit einem Kopf aus Holz, Gummi oder Metall. Wird zum Schlagen von Beiteln in Hartholz sowie für das Festklopfen von Verbindungen verwendet. Wird auch als Knüpfel oder Holzhammer bezeichnet.

Kombinationswinkel Metallwerkzeug, das die Funktionen eines Tischlerwinkels, eines Gehrungswinkels und eines Stahlmaßstabs vereint.

Längsschnitt Parallel zur Faserrichtung im Holz sägen.

Laubsäge Kleine Bogensäge mit schmalem Sägeblatt und feiner Zahnung, mit der sich geschwungene Linien schneiden und Ecken erreichen lassen.

Raspel Ein Metallwerkzeug mit groben Zähnen zur Bearbeitung von Holz.

Rückensäge Kleine Säge mit feiner Zahnung, die vor allem zum Herstellen von Holzverbindungen verwendet wird. Ist am Rücken oft mit einer Metallleiste verstärkt.

Sägehilfe Handgefertigte Vorrichtung zum sicheren Festhalten des Werkstücks beim Ablängen mit einer Handsäge. Wird auch als Bankhaken bezeichnet.

Sägeschlitz Die Lücke, die ein Sägeblatt im Holz hinterlässt.

Schabhobel Hobelwerkzeug aus Metall oder Holz mit Griffen zu beiden Seiten des Eisens. Besonders nützlich zum Bearbeiten geschwungener Formen. Wird auch als Schweifhobel bezeichnet.

Schmiege Verstellbares Werkzeug zum Abnehmen und Übertragen von Winkeln auf das Werkstück.

Schnitt Zeichnung eines Körpers in einer bestimmten Schnittebene.

Schwalbenschwanzverbindung Eine Zinkungsvariante zum Verbinden zweier Holzteile, bei der die Zinkenform an einen Schwalbenschwanz erinnert.

Simshobel Schmaler, hoher Handhobel, dessen Seiten rechtwinklig zur Auflagefläche stehen. Wird zum Herstellen von Falzen und Zapfenbrüstungen verwendet.

Stoßlade Ein flaches Brett mit einem Anschlag an einem Ende. Wird verwendet, um Holz mit einem geeigneten Hobel auf die gewünschte Länge zu hobeln.

Streichmaß Messlehre aus Holz oder Metall zum Anreißen von Linien parallel zur Kante des Werkstücks, teilweise mit einem Schneidrad ausgestattet.

Tischlerwinkel L-förmiges Werkzeug zum Anreißen von 90°-Winkeln zur Werkstückkante.

Versenkbohrer Konischer Bohrer, der am Anfang eines Bohrlochs eine trichterförmige Vertiefung erzeugt, in die sich der Schraubenkopf versenken lässt, sodass er bündig zur Oberfläche oder unterhalb dieser sitzt.

Vorbohren Bohren eines Lochs ohne Gewinde an einer Stelle, in die später eine Schraube gedreht werden soll. Erleichtert das Schrauben und verhindert, dass das Holz reißt.

Vorder-/Seiten-/Rückansicht Zeichnung eines Objekts aus einer bestimmten Blickrichtung.

Weichholz Holz von Nadelbäumen wie z. B. der Kiefer.

Zapfenverbindung Traditionelle Holzverbindung, die aus einem Zapfen an einem Teil und einem Schlitz (Zapfenloch) am anderen Teil besteht.

BEZUGSQUELLEN

Die in diesem Buch erwähnten Werkzeuge können Sie im gut sortierten Fachgeschäft und bei Onlinehändlern wie z. B. den folgenden erwerben:

Dieter Schmid Feine Werkzeuge
http://www.feinewerkzeuge.de/
verkauf@feinewerkzeuge.de
Tel. +49 (0)30 701748480

Sautershop
www.sautershop.de
info@sautershop.de
Tel. +49 (0)8152 395880

Schreinerhandel Neumayr
http://www.schreinerhandel.de/
info@schreinerhandel.de
Tel. 49 (0)8753 9673400

Dictum
https://www.dictum.com/
info@dictum.com
Tel. +49 (0)991 9109901

ÜBER DEN AUTOR

Derek Jones hat seine Karriere im Möbelbau als Lehrling in einer Restaurationswerkstatt in Brighton (Großbritannien) begonnen. Während er unzählige Stunden mit dem Reinigen alter Möbel und dem Entfernen dicker Lackschichten verbrachte, war ihm noch nicht bewusst, wie viel ihm das noch nützen würde. Er lernte dabei von alten Meistern alle erdenklichen Konstruktionstechniken kennen, von den klassischen englischen Breakfront-Schränken bis hin zu einem tragbaren Uhrenkasten.

Ein Kurs in 3D-Design überzeugte ihn später, sich fortan auf das Entwerfen und Herstellen maßangefertigter Möbel zu konzentrieren. Seit 2009 ist er Chefredakteur der Zeitschrift „Furniture & Cabinetmaking" und schöpft dabei immer wieder aus seinen Erfahrungen, um bei den Lesern dieselbe Faszination für Holzobjekte und deren Fertigungsprozess zu wecken.

„Ich finde es toll, mein über die Jahre angesammeltes Wissen einsetzen zu können, aber manchmal vermisse ich die ungebremste Begeisterung, die man spürt, wenn man unbedingt eine neue Kunst lernen will", sagt Derek.

INDEX

Projektbezeichnungen sind *kursiv* gedruckt

A
Ablängen 174
Abziehen 20, 174
Akkubohrer 22
Akkuschrauber 22
Anreißen 174
Anreißmesser 12
Anschlag 174
Ausformwerkzeuge 20

B
Bandsäge 24, 25, 174
Bandschleifer 21, 37
Bandspanner 19
Bankhobel 16, 174
Beitel 17
Bezugsquellen 175
Bilderrahmen 56–61
Bohrer 22, 25
Briefständer 124–129

C
C-Zwinge 19

D
Dekorative Schachtel 68–73
Dickenhobelmaschine 23
Dübel 174

E
Eckenausstecheisen 17
Einhandhobel 16, 174
Elektrowerkzeuge 21-22

F
Falz 57, 174
Fase 174
Federkasten 92–97
Feinsäge 14
Flachdübel 174
Flachdübelfräse 22, 105
Fleischhammer 62–67
Fräser mit Anlaufring 174
Fräsmaschine 22
Fuchsschwanz 14
Führungsschiene 174

G
Gehrungsanschlag 174
Gehrungssäge 23, 105
Glossar 174

H
Hammer 18
Handwerkzeuge 12–20
Hartholz 174
Hirnholz 174
Hirnholzhobel 16
Hobel 16
Holzhammer 18

J
Japanische Arbeitsböcke 118–123
Japanische Beitel 17
Japanische Hämmer 18
Japanische Sägen 15

K
Klüpfel 18, 174
Kochbuchhalter 130–137
Kombinationswinkel 174
Kreissäge 21

L
Lagerung des Materials 26
Längsschnitt 174
Längsschnittsäge 14
Laubsäge 174
Linearschleifer 21
Lochbeitel 17

M
Maschinen 23-25 siehe auch Werkzeuge
Maßangaben 8
Material 26, 147
Messschieber 12, 13
Messwerkzeuge 12-13
Murmelspiel 42–47

N
Nakashima, George 26
Nassschleifmaschine 20
Nuthobel 16

O
Oberfräse 22, 25

P
Pflanzkübel 146–153

Q
Querschnittsäge 14

R
Raspel 20, 174
Raubank 16
Ringschachtel 48-55
Rückensäge 14, 174

S
Sägehilfe 29–30, 174
Sägen 14–15, 23, 24, 25
Sägeschlitz 174
Salatbesteck 80–85
Säulenbohrmaschine 25
Schabhobel 20, 174
Schärfwerkzeuge 20
Schleifgeräte 21
Schleifmaschinen 24
Schmiege 12, 175
Schnellzwingen 19
Schnitt 175
Schrägbeitel 17
Schraubendreher 18
Schraubzwinge 19
Schreibtischlampe 164–173
Schwalbenschwanzschachtel 112–117
Schwalbenschwanzverbindung 175
Schwingschleifer 21
Servierbrettchen 36–41
Setzkasten 104–109
Simshobel 16, 175
Spaghettimaß 74–79
Spannhilfe 27-28
Stechbeitel 17
Stemmeisen 17
Stichsäge 21
Stiftebecher 86-91
Stoßlade 31–33, 175
Streichmaß 12, 175

T
Tauchsäge 21, 105
Tischlerhammer 18
Tischlerwinkel 13, 175
Tischsäge 23
Trockenschleifgerät 20
Türspanner 19

V
Versenkbohrer 175
Vogelhäuschen 138–145
Vorbohren 175
Vorderansicht 175
Vorrichtungen 26-33

W
Wandboard 98–103
Weichholz 175
Werkzeuge 12–22 siehe auch Maschinen
Werkzeugkiste 154–163
Westliche Sägen 14, 15
Winkelmesser 13

Z
Zapfen 63, 175
Zapfenverbindung 175
Ziehklinge 20
Zinkensäge 14
Zirkel 13
Zwinge 19